어린이를 위한 뇌과학 프로젝트

정재승의 인간탐구보고서

기획 **정재승** | 글 **정재은** | 그림 **김현민** | 심리학 자문 **이고은**

차례

펴내는 글 **6**
　　<인간 탐구 보고서>를 시작하며
등장인물 소개 **12**
프롤로그 **14**
　　우주에서 날아온 미스터리 전파
에필로그 **138**
　　그 시각 루나는?
18권 미리보기 **149**

1 먹이 말고 식사 ········· **20**
　　안 먹으면 아픈 지구인

2 귀여운 꼬꼬, 맛있는 치킨 ········· **34**
　　음식 때문에 고민하는 지구인
　　　보고서 **92** 살기 위해 먹고, 먹기 위해 사는 지구인들

3 지구인은 먹기 위해 산다 ········· **55**
　　끝없이 들어가는 지구 음식
　　　보고서 **93** 입이 아니라 머리로 먹는 지구인

4 많이 먹든 적게 먹든 후회 ········ 73
지구인들, 뷔페에 가다!
보고서 94 지구인이 식탐을 다스리는 법

5 햄버거 중독에서 벗어나는 법 ········ 89
먹는 건 참기 어려운 지구인
보고서 95 지구인의 기분을 좌우하는 음식

6 행복한 순간이 떠오르는 음식 ········ 107
지구인을 울리는 한입
보고서 96 지구인은 음식으로 힘을 낸다

7 외계 향수병을 물리친 지구 음식 ········ 123

펴내는 글

〈인간 탐구 보고서〉를 시작하며

다시 새로운 모험이 시작되었네요

아우레 행성에서 온 지구 탐사대 라후드 일당이 인간들을 만나 좌충우돌 우여곡절을 겪으면서 인간을 이해해 가는 모험담이 10권으로 마무리되었고, 이제 새로운 모험이 시작되었습니다. 지금까지 '인간 탐구 보고서'를 아껴 주신 모든 분께 진심으로 감사드립니다. 그리고 새로운 모험을 설레는 마음으로 지켜봐 주실 어린 독자 여러분께 다시 한번 감사드립니다.

지구에 남은 라후드와 오로라 그리고 지구를 독차지하려는 루나에겐 앞으로 어떤 일들이 펼쳐질까요? 아우레로 돌아간 외계인들과 지구인을 우리는 앞으로 영영 보지 못하는 것일까요? 주름을 펴기 위해 샤포이 행성을 찾아 떠난 보스가 어떤 모습이 되었을지 무척 궁금한데, 우리는 다시 그를 볼 수 있을까요? 앞으로 10권 동안 진행될 시즌 2에서는 훨씬 더 흥미로운 모험담이 기다리고 있으니 즐겨 주시길 바랍니다.

청소년들에게 '호모 사피엔스 뇌의 경이로움'을 일깨워 주었으면

저는 여전히 어린이와 청소년들이 반드시 알아야 할 학문이 있다면, 그것은 '우리들에 대한 과학'이어야 한다고 생각합니다. 우리 인간이 왜 이렇게 행동하고 생각하는지 '마음의 과학'을 일러 주어야 한다고 말입니다. 어린 시절 우리가 무척 궁금해하고 고민하는 대부분의 것들은 바로 나와 가족, 친구들 그리고 이웃들의 마음에서 비롯된 것들이니까요.

'인간 탐구 보고서'를 통해 여러분들은 외모에 지나치게 신경 쓰고, 무언가를 자주 잊어버리고, 하루에도 몇 번씩 감정의 롤러코스터를 타며, 사춘기의 열병을 앓았던 인간 친구들의 모습을 보았습니다. 엉망진창의 선택을 하고 불안한 마음 때문에 미신인 줄 알면서도 믿고 심지어 거짓말도 곧잘 하는 인간의 모습도 배웠습니다. 라후드 같은 외계인들의 관점에서 바라보니, 인간들을 정말 이해하기 힘든 동물이었지요?

어린이들에게 마음의 과학을

'인간 탐구 보고서'를 통해 여러분들은 '마음을 탐구하는 학문'인 뇌과학과 심리학을 조금씩 배우고 있습니다. 지난 150년간 신경과학

자들과 심리학자들은 '인간 뇌가 어떻게 작동하여 마음이란 걸 만들어 내는지' 꽤 많은 걸 밝혀냈는데, 이 책은 여러분들이 이해할 수 있는 언어로 과학자들이 밝혀낸 '인간 마음에 대한 모든 것'을 들려 드리기 위해 썼습니다. 이 책을 통해 나는 누구이며, 우리는 어떤 존재인지, 인간 사회는 왜 이렇게 돌아가는지, 진짜 유익한 지식들을 배워 나가길 바랍니다.

초등학생이었던 저희 딸들도 뇌과학을 이해했으면 좋겠다는 마음으로 처음 '인간 탐구 보고서'를 쓰기 시작하였는데, 이 책은 이제 세상의 모든 아들과 딸들을 위해 '어린이와 청소년들을 위한 뇌과학' 책으로 성장하고 있습니다. 2010년 무렵부터 준비된 이 책이 2019년 처음 세상에 선보인 이래 벌써 10권이나 출간되었다니 마음이 벅차오릅니다. 바라건대, 이 책이 혼란스러운 어린 시절과 고민 많은 사춘기를 관통하게 될 모든 10대들에게 '나에 대한 친절한 가이드북'이 되었으면 합니다. 뇌과학과 심리학이 그들을 유익한 방황과 진지한 성찰로 인도해 주길 소망합니다.

인간의 일상을 낯설게 관찰하기

이 책의 가장 큰 매력은 외계인의 시선으로 인간을 탐구하고 있다

는 것입니다. 아우레 행성으로부터 지구로 찾아온 외계 생명체 아싸, 바바, 오로라, 라후드가 겪게 되는 좌충우돌 모험담이 무척이나 흥미롭지요. 우리 인간들을 물리치고 지구를 점령할지, 인간들과 공존하며 지구에서 함께 살지 알아보기 위해 인간을 탐구하며 보고서를 송신하는 그들은 우리와 어느새 닮아 가고 있습니다.

어린 독자들은 이 책을 펼치면서 외계인의 시선으로 인간을 바라보는 낯선 경험을 하게 됩니다. 아싸와 아우레 탐사대처럼 인간을 관찰한 후 '탐구 보고서'를 아우레 행성으로 보내는 과정에 함께 참여할 것입니다. 이 과정을 통해 어린이와 청소년들이 우리들의 평범하고 당연한 일상을 낯설게 바라보는 경험을 하게 되길 바랍니다. 마치 우리가 곤충을 관찰하고 기록 일기를 쓰듯이, 인간의 일상을 관찰하고 탐구 보고서를 쓰면서 우리를 돌아보길 희망합니다.

인간이라는 사랑스럽고 경이로운 생명체

저는 이 책을 읽으면서 어린 독자들이 우리 인간들을 비로소 '이해'하고 덕분에 더욱 '사랑'하게 되리라 확신합니다. 외계 생명체 라후드처럼 '인간은 정말 이해 못 할 이상한 동물'이라고 여겼다가, 우리들을 더욱 이해하게 될 것입니다. 아싸와 아우레 탐사대가 그렇듯, 우리 어린이들도 이 책과 함께 인간 존재의 신비로움을 깨닫게 될 것입니다. 그러면서 결국 외계 생명체 아우린들이 '인간이 얼마나 사랑할 만한 존재'인지 알아주었으면 합니다. 때론 감정적이고 비합리적이며 종종 충동적이고 가끔 폭력적이기까지 한 존재이지만, 인간 내면의 실체를 알게 되었을 때, 우리 호모 사피엔스가 얼마나 사랑스러운 존재인지 깨달았으면 좋겠습니다. 아우레 행성의 외계 생명체들이 제발 우리를 지배하려 하지 말고, 우리 인간들의 사랑스러운 매력에 빠져주길 바랍니다. 무엇보다도, 인간의 뇌는 이성과 감성이라는 두 말이 이끄는 쌍두마차로서, 우리가 사는 세상을 좀 더 근사한 곳으로 만들기 위해 끊임없이 애쓰는 경이로운 기관임을 아우린들과 어린 독자들이 알아주었으면 합니다.

인간의 숲으로 도전적인 탐험을!

인간이 어떤 존재인지 모두 알게 되는 그날까지, 라후드와 아우레 탐사대의 '인간 탐구 보고서'는 계속될 것입니다. 호모 사피엔스의 뇌가 가진 경이로운 능력, 사랑스러운 매력이 외계 생명체들에게 충분히 이해될 때까지 보고서는 결코 멈추지 않을 것입니다. 그 과정에서 우리 어린 독자들 또한 인간에 대한 이해가 더욱 깊어지겠지요? 외계

생명체 아우린들이 흥미롭게 써 내려간 '인간 탐구 보고서'에서 어린이들과 청소년들이 나를 발견하는 놀라운 경험을 하게 되길 진심으로 기대합니다. '인간 탐구 보고서'는 지구를 지배하기 위해 아우레 행성의 정복자들이 작성한 무시무시한 보고서가 아니라, 인간이라는 숲을 탐색하는 외계 탐험가의 애정 어린 편지이니까요.

  자, 이제 다시 한번 외계인의 마음으로 인간 탐험을 흥미롭게 즐겨 주시길!

정재승 (KAIST 뇌인지과학과+융합인재학부 교수)

등장인물

아우린과 아로리인 둘 다 지켜야 하는 아우레 지구 탐사대장. 무거운 어깨에 하루빨리 지구 생활이 끝나기만을 기다린다. 그러던 어느 날, 괜찮은 구석 하나 없던 지구에서 자신의 마음에 쏙 드는 것을 발견하게 되는데…….

오로라

도됴리에게 찾아온 위기를 처리하기 위해 사방팔방으로 뛰어다니는 아우린. 자칭 지구 문명 전문가라고 자부하지만, 이번 문제는 해결하기가 어렵다. 라후드는 지구에 대한 자신의 지식을 100% 활용해 이 위기에서 벗어날 수 있을까?

라후드

지구에서는 초등학생 아싸로 불리는 아로리인. 흥미롭던 지구 생활에 예상하지 못한 변수가 생겨 버렸다. 길어지는 지구 생활에 지쳤는지 예전만큼 재미가 없다는 것. 당장 고향 행성으로 돌아갈 우주선도 없는데, 도됴리는 향수병을 극복할 수 있을까?

도됴리

피아노 선생님

쇼팽 피아노 학원 선생님.
개원 인사를 위해 맛있는 떡을
이웃에게 돌리기로 한다. 그러는 중에
황당한 일을 겪게 되는데…….

루이

부모님 없이 동생과 함께
살아가고 있는 웹툰 작가.
단 하나의 사건으로 부모님을 향한
그리움이 커지게 된다.

곰치

이번에는 반드시 다이어트에
성공하리라 결심하는 지구인.
하지만 음식은 너무 맛있고
운동은 너무 힘들다.

일원장

학원에서도 일! 집에서도 일!
스트레스 가득인 일등학원 원장 선생님.
그 스트레스를 푸는, 자기만 아는
특별한 방법이 있다고……?

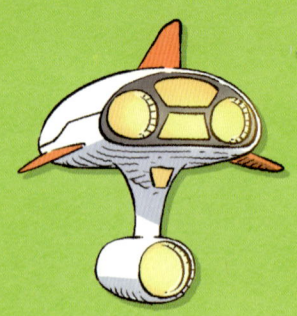

프롤로그

우주에서 날아온
미스터리 전파

보스 귀환 중. 위험 인물 루나.
아우레 탐사대와 지구인 제거 후
지구 점령 계획 중. 지구인과
아우린, 힘을 합쳐 지구를 지키자.

　　　　　　　　　　보스는 지구로 향하는 은
하선을 타기 직전, 지구에 긴급 웜홀 통신을 보냈다.
지구에 있는 아우레 탐사대는 그 중요한 통신을 받았을까? 받
았겠지. 꼭 받았어야 한다. 그래야 루나가 아우레 탐사대와 지
구를 동시에 정복하려 한다는 사실을 알아차리고, 지구를 지
킬 수 있다.

　혹시, 긴급 통신을 받은 아우레
탐사대가 벌써 루나를 체포하고 지
구의 평화를 지켰다면? 그 사실을
모른 채 보스만 피부를 포기하고
지구로 날아가는 거라면? 으으, 보
스는 고개를 절레절레 저었다.

지구와 친구들의
안전을 확인하는 것이
헛일은 아니지.

보스가 보낸 긴급 통신은 보스의 예상대로 지구에 도착하긴 했다. 그 중요한 통신은 아우레 탐사대가 아닌, 쿠르르섬의 거대 전파 망원경에 잡혀서 쿠르르섬 보스 저택의 전파 수집 프로그램으로 전달되었다.

쿠르르섬의 전파 수집 프로그램은 외계에서 온 인공적인 전파 신호를 곧장 보스의 연구소로 보내도록 프로그램되어 있었다. 그래서 보스의 전파는 지구 이곳저곳을 돌아다니다가 결국은…….

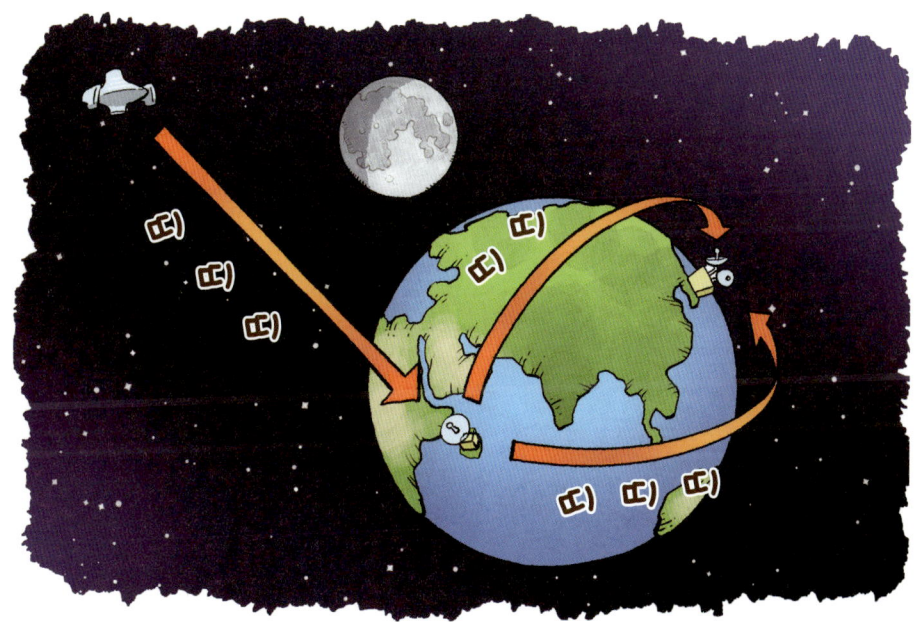

보스가 없는 보스의 연구소로 전해졌다. 하지만 보스의 연구소에는 다른 지구인들이 있긴 했다.

17

그러나 아무리 애를 써도 윤박은 전파의 내용을 확인할 수 없었다. 누가 보낸 건지, 어디서 보낸 전파인지, 무슨 내용인지 파악되질 않았다.

1

먹이 말고 식사

안 먹으면 아픈 지구인

반짝이 여사에게 새로운 취미가 생겼다. 맛집 탐방! 특히 새로운 음식에 도전하기를 즐겼다. 오늘은 마침 텔레비전에서 정통 스위스 가정식 요릿집이 소개되고 있었다. 반짝이는 텔레비전 화면에 나온 식당 이름을 얼른 메모했다.

"삼총사랑 가야지~!"

며칠 뒤, 반짝이 여사는 친구들을 식당으로 데려갔다.

"죽기 전에 세계 일주는 못 해도 세계 음식은 먹어 봐야 않겠니? 여긴 스위스 식당인데, 스위스가 그렇게 좋대."

일부러 식사 시간을 피했는데도 줄이 꽤 길었다. 할머니 삼총사도 얼른 줄 끝에 섰다. 딱 봐도 젊은이들이 많았다. 텔레비전에서 말한 대로 젊은이들이 좋아하는 최신 맛집이구나! 반짝이 여사의 마음이 설레었다.

하지만 짠지 여사는 식당 앞에 줄을 서는 것이 불만이었다.

"아이고, 얼마나 대단한 밥이길래 줄까지 서냐? 먹고 배만 부르면 되지."

"밥이 아니라 문화를 먹는 거야. 촌스럽긴."

반짝이 여사는 짠지를 향해 눈을 흘겼다.

"스위스에 못 가 봤는데 음식이라도 먹으면 좋지. 기대된다."

홍실은 반짝이의 편을 들며 짠지의 어깨를 다독였다. 그러다가 문득 짠지를 위아래로 훑어보았다.

"짠지, 너 어째 더 마른 것 같다. 밥은 잘 먹고 다니니? 고기도 사 먹고 그래. 돈 아끼다가 골병 든다."

"아이고, 걱정 마. 배불리 먹고 있으니까."

짠지는 두 손을 내저어 친구의 과한 걱정을 밀어냈다.

한 시간을 기다린 끝에 들어간 식당은 꼭 스위스 별장 같은 분위기였다. 할머니들은 진짜 스위스 별장에 가 본 적은 없지만, 그런 느낌을 받았다.

통나무 벽과 눈 덮인 알프스 사진, 이국적인 인테리어 소품들이 할머니 삼총사의 눈과 마음을 사로잡았다.

짠지 여사는 스위스 전통 옷과 보글보글한 양털로 만든 양 인형, 알프스에서 키우는 소가 맸다는 방울을 구경하며 아이처럼 즐거워했다. 줄 선다고 툴툴거릴 때와는 전혀 딴판이었다.

"봐라, 오길 잘했지?"

반짝이가 생색을 내자, 짠지는 에헴, 헛기침을 했다.

"이것도 다 음식값에 포함된 거야. 구경해서 본전 뽑아야지."

"배고프다. 얼른 음식 주문하자."

할머니 삼총사는 메뉴판을 한참 들여다보았다.

"슈바인…… 부어스…… 퀴노아……?"

스위스 음식은 이름이 매우 복잡했다. 한글로 적혀 있는데도 읽기가 힘들고, 무슨 재료로 만들었는지 당최 짐작도 되지 않았다.

반짝이와 짠지는 눈을 끔뻑거리다가 홍실에게 메뉴판을 쓱 밀었다.

"많이 배운 네가 주문해라."

스위스 요리에 대하여 모르기는 마찬가지인 홍실은 어이가 없었다. 홍실은 잠시 망설이다가 스위스에서 가장 유명한 요리 세 개를 달라고 했다.

세 할머니는 오랫동안 음식을 기다렸다. 스위스 요리는 꽤 시간이 걸렸다. 짠지는 주방 쪽을 힐끔거리며 투덜댔다.

"얼마나 맛있길래……. 음식 나오기 전에 쓰러지겠다."

다행히 할머니들이 쓰러지기 전에 음식이 나왔다.

스위스 음식점에 다녀온 날, 짠지 여사는 속이 메슥거려서 혼났다. 평소에 잘 먹지 않는 기름진 음식을 아깝다고 다 먹어서 그렇다. 짠지는 집에 오자마자 파김치 몇 개를 집어 먹으며 속을 달랬다.

"어휴, 비싼 돈 내고 무슨 짓이람!"

투덜거리는 짠지의 입가에 미소가 흘렀다.

그날 저녁 짠지는 또 혼자 밥을 먹었다. 다음 날도, 그다음 날도. 반찬이라고는 김치와 짠지가 전부였다.

밥을 잘 챙겨 먹으라는 홍실과 반짝이의 잔소리가 짠지의 귓가에 울렸지만 무시했다.

짠지 여사는 큰마음을 먹고 몸보신을 하러 나섰다. 단골 분식집에 순대를 사러 말이다. 순대는 짠지 여사가 유일하게 사 먹는 고기였다. 홍실과 반짝이가 순대는 고기가 아니라고 잔소리했지만, 짠지는 귓등으로 들었다.

"순대가 왜 고기가 아니야? 돼지 피가 들어가는데! 머리가 핑, 할 때는 돼지 피가 최고지!"

짠지 여사는 휘청거리는 발걸음을 재촉했다. 빨리 순대를 먹고 기운을 차려야지. 오늘은 간도 넉넉하게 먹어야지.

하지만 짠지의 단골 분식집은 오늘 휴무였다.

"다른 데라도 갈까?"

짠지 여사는 옆 가게들을 쭉 훑어보았다. 고깃집, 설렁탕집, 중국집. 짠순이 짠지 여사에게는 역시 순대가 가성비가 좋았다.

"하필이면……."

짠지 여사는 휘적휘적 집으로 걸어갔다. 실망해서 그런지 다리에 힘이 더 빠졌다.

짠지는 좀 쉬어 가려고 편의점 앞에 놓인 의자에 앉았다. 그때 마침 홍실의 손녀인 하나가 삼각김밥을 물고 나왔다.

"아이고, 하나야, 그게 끼니야?"

요즘 아이들은 공부하느라 밥 먹을 시간도 없다더니, 하나도 그런 모양이었다. 짠지 여사는 잘 먹지도 못하고 공부만 하는 하나가 안쓰러웠다.

"먹이 같은 거 먹지 말고 좋은 음식으로 잘 먹고 다녀. 그래야 제대로 크지, 알았지?"

"네, 할머니."

하나는 짠지 여사를 안심시키려는 듯 활짝 웃었다.

'먹이라…….'

짠지는 집에 가는 내내 하나의 말을 떠올렸다. 짠지 여사도 그동안 식사가 아닌 먹이를 먹은 건가?

"에이, 난 괜찮아. 자라나는 애들은 잘 먹어야 하지만 나는 다 살았는데 먹이면 어떻고 사료면 어때!"

그 순간 머리가 팽 돌면서 정신이 아득해졌다. 짠지는 그만 쓰러지고 말았다.

짠지 여사는 낯선 곳에서 눈을 떴다. 눈앞에서는 반짝이와 홍실이 걱정스럽게 짠지를 지켜보고 있었다.

반짝이는 짠지를 덥석 안더니 갑자기 등을 찰싹 때렸다. 홍실이 놀라서 반짝이를 말렸다.

"너 아픈 애한테 왜 그래?"

"그러니까 왜 아프냐고! 너 병명이 뭔지 알아?"

짠지는 어리둥절했다.

"영양실조란다. 영양실조. 이 먹을 것 흔한 세상에 영양실조가 뭐니? 돈 아껴 봐야 저승에 가져가지도 못해. 너나 잘 먹고 잘 살아야지, 응?"

"너 진짜 돈 아낀다고 대충 먹었어? 그럼 못쓴다고 했지!"

반짝이와 홍실은 번갈아 가며 잔소리를 퍼부었다. 짠지는 힘겹게 몸을 일으켰다.

"어유, 아니야. 얼른 집에나 가자. 병원비 많이 나온다."

"병원에 오면 돈이 더 들어! 그러니까 평소에 돈 아끼지 말고 골고루 제대로 먹고 건강하라고!"

반짝이는 짠지를 도로 눕히며 소리쳤다.

간호사 선생님, 여기 제일 비싼 영양 주사 놔 주세요~!

짠지는 며칠 동안 꼼짝없이 병원 밥을 먹었다. 반짝이가 비싼 영양제를 놔 달라고 해서 팔자에도 없는 영양제도 맞았다.

홍실이 온갖 건강 검진을 다 신청한 탓에 짠지는 머리끝부터 발끝까지 건강 진단도 받았다. 다행히 영양 부족과 저체중, 골다공증 말고 더 큰 병은 없었다.

짠지는 돈을 아끼기 위해서라도 식사를 잘 챙겨 먹기로 결심했다. 하지만 퇴원 후에도 짠지의 밥상에는 여전히 밥과 김치만 놓여 있었다.

"병원에서 잘 먹었으니까 며칠 대충 먹어도 되겠지?"

막 숟가락으로 밥을 뜨려는데, 짠지 여사의 귀에 밥을 잘 챙겨 먹으라는 반짝이와 홍실의 잔소리가 들리는 것 같았다.

"아이고, 병원비가 너무 많이 나왔네. 진짜 안 아픈 게 돈 버는 거네."

깜짝!

"알았어. 달걀프라이라도 해 먹을게."

짠지가 중얼거리며 막 일어서는데, 띠띠띠띠, 비밀번호 누르는 소리가 나고 현관문이 열렸다.

반짝이와 홍실이었다.

반짝이와 홍실이 톡톡 썰고, 지글지글 볶고, 보글보글 끓이고, 찹찹 무쳐서 푸짐한 밥상을 뚝딱 차렸다.

"고마워. 오늘이 내 생일이라도 된 것 같다!"

짠지는 친구들의 우정에 감동하여 눈물을 글썽거렸다.

2

귀여운 꼬꼬, 맛있는 치킨

음식 때문에 고민하는 지구인

새벽 4시, 아우린 임시 본부가 있는 건물 옥상에서 수탉이 우렁차게 울었다. 동네의 외계인들과 지구인들은 물론이고 강아지, 고양이들까지 모두 새벽부터 잠에서 깨고 말았다.

누가 도시에서 닭을 키워?

시끄러워서 못 살겠네!!

꼬꼬 좀 조용히 시키라고!

지구 생명체 꼬꼬 제거…?

아, 잠 좀 자자!

꼬꼬는 몇 달 전에 최고가 데려온 작은 병아리다. 그때는 노란 솜털이 보송보송한, 귀엽지만 비실비실한 병아리였다.

"병아리는 안 돼! 못 키워!"

일 원장은 반대했지만, 최고는 꼬꼬를 애지중지 키웠다. 옥상에 닭장을 놓고, 좋은 사료와 신선한 채소를 먹이고, 가끔 애벌레도 잡아 주었다. 바닥에는 모래도 깔아 주었다. 덕분에 꼬꼬는 건강하게 자라서 새벽을 깨우는 씩씩한 수탉이 되었다.

그런데 꼬꼬는 너무 건강해서 탈이었다. 새벽마다 울려 퍼지는 우렁찬 꼬꼬의 울음소리가 온 동네의 단잠을 방해했다. 지구인들은 물론 외계인들도 휴식을 방해하는 수탉이 달갑지 않았다.

최고의 반대에도 일 원장은 친구가 운영하는 시골 농장에 꼬꼬를 보내기로 했다. 이웃에게 계속 폐를 끼치며 닭을 키울 수는 없었다.

"꼬꼬, 안녕! 형이 자주 보러 갈게."

최고는 아쉬워하며 꼬꼬를 보냈다. 그때만 해도 바로 다음 주말에 시골에 가서 꼬꼬를 만날 생각이었다. 하지만 일 원장에게 약속이 생겨서 그 주말에 가지 못했다. 그다음 주말은 반 친구의 생일 파티가, 그다음 주말은 학원 보충 수업이 있었다. 그다음 주말에는 최고가 독감에 걸려 꼼짝없이 앓았다. 최고는 꼬꼬가 시골에 간 지 두 달이 다 되도록 보러 가지 못했다.

그러던 금요일 저녁, 치킨을 먹던 최고가 갑자기 말했다.

"엄마, 내일 꼬꼬 보러 가자."

"뭐? 왜?"

"어제 꼬꼬가 꿈에 나왔는데, 날개에 무지개 깃털이 나서 하늘을 날고 있었어. 이건 꼬꼬가 시골에서 엄청 재미있게 지낸다는 증거야. 직접 가서 보고 싶어."

"닭이 어떻게 하늘을 나냐? 꿈도 크다."

하나는 기회를 놓치지 않고 최고를 놀렸다. 최고는 약이 올라서 받아쳤다.

"아니거든. 우리나라 토종 장닭은 꽤 높이 날거든!"

최고가 시골에 놀러 간다는 소식을 들은 도됴리는 저도 가겠다며 따라나섰다. 라후드와 오로라는 도됴리를 말렸다.

　자동차로 두 시간을 달려 도착한 농장은 매우 넓고 예뻤다. 최고도 농장이 마음에 쏙 들었다. 옥상의 작은 닭장보다 꼬꼬가 살기에 훨씬 행복할 곳이었다.

　"꼬꼬가 살기 정말 좋은 곳 같아요. 근데 이모, 우리 꼬꼬는 어디 있어요?"

　"아……, 꼬꼬도 봐야 하지만 금강산도 식후경 아니겠니? 우리 밥부터 먹자. 배고프지?"

　농장 이모는 아이들을 테라스로 데려갔다. 풍성한 밥상에는 칠면조만큼 큰 통닭이 두 마리나 튀겨져 있었다.

"이모부가 시골 통닭 튀겼다! 우리 집 닭인데, 토종이라 맛이 달라. 일반 치킨보다 훨씬 맛있지!"

농장 이모부는 두툼한 닭 다리를 아이들에게 하나씩 뜯어 건넸다.

토종닭은 도시에서 먹던 치킨과 정말로 맛이 달랐다. 고소하고 쫄깃해서 멈출 수 없는 맛이었다.

"소스도 안 뿌렸는데 왜 이렇게 맛있지?"

하나와 최고의 최애 치킨이 양념치킨에서 시골 통닭으로 바뀌는 순간이었다.

배가 웬만큼 부르자 최고는 닭 뼈를 내려놓고 일어섰다.

"이제 꼬꼬 보러 갈래요."

순간 일 원장과 농장 이모도 벌떡 일어났다.

"엄마도 꼬꼬 보러 가게? 같이 가자."

"어? 그런데 꼬꼬가 조금 변한 것 같아요. 더 못생겨지고 작아진 게……. 살이 빠졌나?"

최고는 닭장 앞에서 고개를 갸웃거렸다. 농장 이모는 슬쩍 최고의 눈치를 보았다.

"글쎄……, 사료가 안 맞았나? 그래서 살이 좀 빠졌나 봐."

최고는 살금살금 닭장 안으로 들어갔다. 닭들이 놀라서 푸드덕 흩어졌다. 꼬꼬는 전에도 최고에게 잘 안겼다. 최고 품에서 꾸벅꾸벅 졸기도 했다. 하지만 닭장 속 꼬꼬는 최고가 다가오자 놀라서 달아났다.

농장에 있는 닭은 꼬꼬와 닮았지만 꼬꼬는 아니었다. 최고는 당황해서 눈을 끔뻑거리다가 물었다.

"이모, 진짜 꼬꼬 아니에요? 우리 꼬꼬는 어디 있어요?"

"정말 미안하다."

이모가 갑자기 사과를 했다. 닭장으로 달려온 이모부도 한숨을 쉬며 사과했다.

"다 내 잘못이야, 미안해."

최고는 불길한 기분에 휩싸였다. 도대체 꼬꼬에게 무슨 일이 일어난 걸까? 분위기를 살피던 하나가 툭 말했다.

"설마, 꼬꼬 잡아먹기라도 하셨어요?"

농장 이모와 이모부는 어쩔 줄 몰라 하며 최고를 달랬다.

"꼬꼬인 줄 몰랐어. 손님이 와서 우리 닭을 잡은 줄 알았는데……. 닭장이 어두워서 이모부가 착각을 했어……."

"그래, 절대 일부러 그런 거 아니야."

최고도 일부러 그랬을 거라고 생각하지는 않았다. 되돌릴 수 없다는 것도 알았다. 하지만 너무 슬펐다. 최고는 눈물이 덕지덕지 묻은 얼굴로 이모를 쳐다보며 물었다.

"꼬꼬, 묻어 줬어요?"

"그럼…… 뼈는 묻어 줬지."

"어떻게 귀여운 꼬꼬를 먹을 수가 있지? 사람들 나쁘지?"

최고는 울먹이며 아싸에게 하소연했다. 아싸도 꼬꼬를 귀여워했으니 당연히 함께 슬퍼해 줄 거라고 믿었다.

그러나 도됴리는 치킨을 좋아하는 최고가 닭의 죽음을 그토록 슬퍼하는 것을 이해할 수 없었다. 아까도 닭 다리를 두 개나 먹고, 집에서는 일주일에 한 번씩 꼬박꼬박 치킨을 시켜 먹으면서, 왜 꼬꼬를 먹은 지구인들은 나쁘다고 할까?

"너 치킨 먹는 거 좋아하잖아. 근데 왜 꼬꼬는 먹으면 안 돼?"

"꼬꼬는 내가 키웠잖아. 내 닭이야. 너도 귀엽다며!"

"응, 귀여웠다. 근데 네가 먹은 치킨도 누군가 키운, 귀여운 닭이다."

"야, 너 그걸 말이라고 해? 어떻게 그런 말을 해? 너 외계인이야?"

최고는 어이가 없어서 눈물이 쏙 들어갔다. 이게 사랑하는 닭은 잃은 친구에게 할 소리인가?

"꼬꼬랑 그런 닭이랑 같냐?! 난 사랑으로 키웠어."

무관심으로 키운 닭은 먹어도 되고, 사랑으로 키운 닭은 안 되나? 그럼 농장 지구인들은 닭을 사랑으로 키우지 않았다는 말인가?

도됴리는 여전히 최고의 생각을 이해하지 못했다.

농장 이모와 이모부는 최고의 기분을 풀어 주고 싶었다. 이모는 최고에게 태어난 지 일주일이 된 송아지를 보여 주었다. 엄마 소 옆에서 초롱초롱한 눈을 깜빡이는 송아지는 웬만한 강아지보다 훨씬 컸지만, 아주 귀여웠다. 역시 아기 동물이어서 그런 것 같았다.

"귀엽지? 최고가 송아지 이름 지어 줄래?"

최고는 엄마 소 옆에 있는 송아지를 뚫어질 듯 바라보았다. 송아지가 너무 귀여워 최고는 어쩔 줄 몰랐다.

곰곰이 생각한 최고가 말했다.

"음, 송송이 어때요? 송송이로 할래요. 만져 봐도 돼요?"

최고가 송아지 쪽으로 손을 뻗자 엄마 소가 송송이를 뒤로 숨기며 음매, 울었다. 새끼에게 접근하는 낯선 사람을 경계하는 듯했다.

농장 이모가 엄마 소를 안심시키려고 목을 살살 쓸어 주며 최고에게 말했다.

"최고야, 엄마 소가 오늘은 송송이 만지지 말래. 내일 다시 와서 보자."

"네, 내일 다시 와요. 꼭이에요!"

최고는 귀여운 송아지 송송이에게서 눈을 떼지 못했다. 농장 이모의 바람대로 다행히 최고는 꼬꼬를 잠시 잊은 듯했다.

그날 저녁 소고기 파티가 열렸다. 이모부는 커다란 가마솥 뚜껑에 소고기와 버섯을 지글지글 구웠다. 농장 마당에 고소한 기름 냄새가 쫙 퍼졌다.

최고는 익어 가는 고기를 보며 군침을 삼켰다.

"힝, 나 고기 안 먹어."

최고는 젓가락으로 집고 있던 고기를 뚝 떨어트렸다.

최고는 귀여운 송송이와 소고기가 똑같은 '소'라는 사실을 알긴 했다. 하지만 둘을 연결해서 생각해 본 적은 없었다. 송아지는 귀여운 동물이고 소고기는 맛있는 음식일 뿐이었다. 치킨이 꼬꼬와 같은 닭이라고 생각을 못 한 것처럼 말이다.

"이건 그냥 마트에서 사 온 고기야. 먹어도 괜찮아~."

이모가 권했지만 최고는 고개를 저었다. 최고는 입맛이 뚝 떨어졌다.

"사자는 누를 먹고, 누는 풀을 먹고. 먹이 사슬도 모르냐?"

하나가 비꼬는데도 최고는 대꾸하지 않았다.

최고는 조용히 방에 들어가 이불을 뒤집어썼다.

농장 이모부는 항상 농장에 놀러 오면 소고기, 돼지고기, 오리고기, 닭고기를 구워 주겠다고 했다. 그런데 소, 돼지, 오리, 닭은 전부 최고가 좋아하는 동물들이었다.

"동물은 먹기 싫은데, 고기는 맛있고……. 어쩌라는 거야?"

최고는 이불 속에서 한숨을 푹푹 쉬다가 그만 잠이 들었다.

그날 밤, 지구인들이 모두 잠든 시각에 도됴리는 밖으로 나왔다. 성가신 아우린들을 떼 놓고 놀러 왔는데 잠만 자다 갈 수는 없었다.

흐음, 도됴리는 밤공기를 들이마시며 밤하늘을 올려다보았다.

"호리호리 행성에는 지금 무슨 일이 있을까?"

도됴리는 고향 호리호리 행성 생각에 빠졌다.

보고서 92
살기 위해 먹고, 먹기 위해 사는 지구인들

작성자: 도됴리

★ 동네에 삐오삐오 구급차 소리가 울림. 알고 보니 홍실 여사의 친구 짠지 여사가 길가에 쓰러져 있었다고 함. 꼬꼬 때문에 잠을 자지 못해서 그런 건 아닐까?

★ 최고의 닭 꼬꼬는 새벽이면 울기 시작해 동네 사람들의 불만이 많음. 안 그래도 지친 지구인들이 꼬꼬 때문에 잠도 잘 못 자고 편하게 쉴 수가 없다는 것! 결국 꼬꼬는 일 원장 친구의 농장으로 보내졌음.

★ 안 그래도 임시 본부를 벗어나고 싶었는데 최고네가 농장으로 여행을 간다고 함! 당연히 도됴리도 함께 가자고 함. 오로라와 라후드는 아직도 정체를 들킬까 봐 걱정인데, 절대 안 들킬 거임. 농장에는 지구 생명체들이 많다는데, 어떤 생명체들이 있을까 기대됨.

★ 최고는 모순덩어리임. 소와 돼지, 닭을 좋아하고 귀여워하면서 고기도 엄청 좋아함. 특히 치킨은 일주일에 한 번씩은 먹음. 그런데 꼬꼬가 죽은 것을 알고 눈물을 펑펑 흘리면서 치킨이 된 닭들과 자기가 키운 꼬꼬는 다르다고 말함.

★ 시골에 오니 우주의 별들이 더 많이 보임. 별들을 보니까 호리호리 행성이 그리워짐. 호리호리 행성에서는 지금 어떤 일이 일어나고 있을까?

지구인들은 왜 그렇게 먹는 데 진심일까?

- 지구인들에게 '먹기'는 세상에서 제일 중요한 일 중 하나로 보임. 식사를 했냐는 말을 인사로 할 만큼 매일 꼬박꼬박 밥을 챙겨 먹지 않으면 큰일이라도 나는 것처럼 굶. 이렇게 지구인들의 식욕이 강한 이유는 지구인의 몸이 늘 일정한 상태를 유지하려는 '항상성'이란 성질을 지니고 있기 때문. 즉 체중, 체온, 혈압 등 현재의 안정적인 상태를 유지하는 데 필요한 영양분을 얻기 위해 식욕이라는 신호를 계속 보내고 있는 것.

- 또, 지구인들은 생존뿐만 아니라 즐거움을 얻기 위해 음식을 먹기도 함. 과거 지구에서는 높은 에너지를 얻을 수 있는 음식을 먹는 것이 생존에 유리했기 때문에 지구인들은 본능적으로 먹을 것을 갈망하고 음식을 섭취할 때 쾌락을 느끼도록 발전되어 왔음.

- 먹을 것이 풍요로워진 현재까지도 이러한 본능이 이어져 배가 크게 고프지 않아도, 심지어 배가 불러도 쾌락을 느끼기 위해 먹는 지구인들이 발생함. 실제로 음식을 먹을 때 지구인의 뇌에서는 쾌락을 느끼게 하는 신경 전달 물질인 '도파민'이 두 번이나 분비됨. 한 번은 입으로 음식을 맛볼 때, 또 한 번은 음식이 위에 닿을 때임. 그중에서도 위에 음식이 도달해 에너지로 흡수될 때 도파민을 분비하는 신경 세포들이 더 크게, 더 오랫동안 활성화된다고 함.

- 먹는 것이 지구인의 신체에 중요한 활동인 만큼, 지구인들은 몸에 좋은 음식과 식습관을 찾아내는 데에도 매우 열심임(※지구인의 머리에 좋은 음식 목록은 보고서 75에서 확인 가능!).

지구인들에게 필요한 고기

- 지구에서 지구인들은 많은 동물과 공생하고 있지만, 한편으로는 고대부터 오랜 시간 동안 고기를 먹는 육식을 하며 살아왔음. 지구인들이 현재의 모습으로 변화하고 지금의 지능을 갖게 된 것도 육식의 영향이 컸다고 함. 열량이 높은 육류를 먹으면서 뇌가 점점 커지고 발달할 수 있었던 것. 또한 질긴 날고기를 먹는 다른 육식 동물과 달리 불로 요리를 해서 고기를 먹은 덕분에 턱과 치아가 작아진 것은 물론, 소화 기관 역시 작아져 두 발로 걸을 수 있게 되었음. 아마 육식을 하지 않았으면 지구인은 지금도 네발로 걷고 있을지도 모름.

- 지구인들은 육식을 통해 신체 건강에 도움이 되는 다양한 영양소를 섭취함. 특히 지구인들이 먹는 고기에는 지구인들의 뼈와 근육을 튼튼하게 해 주는 단백질이 풍부하게 들어 있음. 이외에도 오메가3 지방산, 아연, 콜린, 철분, 적혈구와 DNA를 형성해 뇌졸중과 염증을 예방하는 비타민B12처럼 식물에서 얻기 힘든 영양소를 동물성 식품에서 얻을 수 있음.

- 또 육식은 지구인들의 정신 건강에도 도움이 된다고 함. 뇌에서 행복감을 느끼게 하는 '세로토닌'이 적게 분비되면 지구인이 우울증이나 불안증을 겪을 위험이 커짐. 하지만 고기에서 세로토닌의 원료가 되는 '트립토판'이라는 영양소를 얻을 수 있음.

- 실제로 육식을 즐기는 지구인들이 채식만 하는 지구인들보다 심리적으로 안정되어 있다는 연구 결과도 많음. 브라질에서 14,000여 명의 지구인을 대상으로 분석한 결과, 채식을 하는 지구인은 육식을 하는 지구인보다 우울증 발생 위험이 약 2배 높은 것으로 나타남.

3

지구인은 먹기 위해 산다

끝없이 들어가는 지구 음식

그날 이후 도됴리가 변했다.

그동안은 임시 본부 밖으로만 쏘다니며 정체를 들킬 뻔하더니 이제는 갑자기 바깥에 나가길 거부했다.

문제는 도됴리가 집에만 있어도 외계인의 정체를 들킬 위험에 처한다는 것이다. 도됴리가 하필이면 지구 어린이 슈트를 착용했기 때문이다.

아우레 탐사대의 대장 오로라에게 중요한 것은 아우린의 안전이다. 아우린의 안전을 위해서라면 도됴리를 버리는 비인간적인 결정도 감수할 수 있다. 오로라는 감정적인 인간이 아니라 냉철한 이성의 아우린이니까!

그러나 통신 장비가 고장 나 도됴리를 위험하게 만든 이는 다름 아닌 아우린 라후드 아닌가! 오로라의 이성은 탐사대원 라후드가 일으킨 문제는 탐사대가 해결해야 한다고 판단했다.

오로라는 지구인처럼 한숨을 쉴 뻔했다. 이럴 수도 없고, 저럴 수도 없다고 고민하는 지구인들을 보며 '비이성적이라 선택을 잘 못한다'고 생각했는데, 지구에 살다 보니 오로라에게도 그런 순간이 찾아온 것이다.

그래도 오로라는 이 문제를 해결해야 한다. 오로라는 풀이 죽은 도됴리에게 다가가 물었다.

"도됴리, 호리호리 행성에 보내야 한다던 통신 내용이 뭐냐? 네가 원하는 게 뭐냐?"

"도됴리는 호리호리 행성에 돌아가고 싶다."

"벌써 지구에 흥미가 떨어졌어? 아직 못 해 본 게 많다며?!"

도됴리는 고개를 도리도리 저으며 돌아누웠다.

오로라는 도됴리의 문제를 알아차렸다.

"외계 향수병 의심 증상이다. 외계 향수병은 목적 없이 다른 행성에 오래 머물 경우 생기기 쉽다."

외계 향수병은 고향 행성으로 돌아가는 것 말고는 딱히 치료법이 없다. 의학 기술이 매우 발달한 아우레 행성에서도 이런저런 치료법을 시도해 봤지만, 고향 행성으로 돌려보내는 간단한 방법이 가장 효율적이었다. 또 다른 행성으로 보내는 경우도 있었는데, 외계 향수병은 새로운 환경에서 나을 가능성도 있기 때문이다.

아우레 탐사대는 도됴리를 당장 호리호리 행성으로 돌려보낼 방법도, 다른 행성으로 보낼 방법도 없었다. 지구에서 쓸 수 있는 해결책이라고는…….

　　"라후드, 도됴리를 책임져라! 다시 지구에 호기심을 갖게 만들어라!"

　　오로라는 문제의 원흉인 라후드에게 명령할 수밖에 없었다. 하지만 라후드는 자신이 없었다.

　　"난 지구 문명 전문가라 호리호리 행성의 아로리인에 대해서는 아는 게 없다……"

　　"아니! 라후드는 지구 문명 전문가가 아니다! 외계 문명 전문가다. 다른 행성에 대해 충분히 탐구했고, 라후드가 갖고 있는 정보들을 토대로 도됴리가 원하는 것을 찾을 수 있을 것이다. 지구 안에서."

　　말투는 딱딱했지만 오로라는 라후드의 능력을 인정했다. 라후드는 다시 자신감이 불끈 솟았다.

　　"알았다. 지구에서 호리호리 행성 느낌을 받으면 도됴리가 안정될 것이다. 호리호리 행성과 비슷한 환경을 어디서 찾지?"

　　라후드는 도됴리가 지구를 제2의 고향으로 생각하길 바라며 호리호리 행성에 가 본 적 있는 오로라에게 물었다. 거기서 힌트를 얻을 수 있을 것이다.

"그런 곳은 지구에 많다. 지구는 물의 행성이니까!"

라후드는 도됴리와 함께 가서 놀 만한 물가를 찾아 보기로 했다. 그럴 때 필요한 사람은……?

"외계의 일은 외계 문명 전문가 라후드에게, 지구의 일은 지구 전문가 지구인에게 물어야지."

라후드는 곧장 루이에게 달려가 물었다. 물과 돌이 많은 곳! 라후드의 질문을 듣고 루이는 대번에 적절한 장소를 찾아 주었다.

"아싸를 데리고 놀러 갈 만한 물가를 찾으시는군요? 음, 낚시할 수 있는 강은 어때요? 낚시도 하고 캠핑도 하면……. 와, 재밌겠어요. 저도 가고 싶은데요?"

루이는 손뼉을 짝 쳤다. 자칭 생선파라는 대호와 낚시를 한 번도 못 해 봤는데, 이번이 좋은 기회가 될 것 같았다.

"우리 같이 가요. 대호도 좋아할 거예요."

루이는 친구들에게 캠핑 장비를 싹 빌려 왔다. 물고기를 잡으러 간다는 소식에 생선들도 따라나섰다.

"얼른 텐트 치고 낚시해요."

루이는 친구에게서 빌려 온 텐트를 펼쳤다. 엄청나게 큰 텐트는 여러 명이 들어가도 충분할 것 같았다. 무사히 텐트를 세울 수만 있다면 말이다. 루이의 힘으로는 역부족이었다.

오로라는 텐트 하나도 제대로 못 치고 허둥대는 지구인이 한심했다. 이성적으로 생각하여 원리를 찾으면 간단한 것을!

오로라는 텐트 하나로 낑낑대는 루이를 대신해 촤라락, 텐트를 멋지게 완성해 주었다.

오로라 덕분에 텐트를 무사히 세운 지구인들과 외계인들은 본격적으로 낚시를 시작했다. 긴 낚싯대를 강에 던지자마자 오로라의 찌가 움직였다.

첫 번째 물고기는 오로라가 낚았다. 기다란 낚싯대 끝에 매달려 파닥파닥 위로 올라오는 물고기를 보고 도됴리의 눈도 동그래졌다. 참으로 오랜만에 보는 생기 있는 눈빛이었다. 도됴리는 자리에서 펄쩍펄쩍 뛰면서 말했다.

"나도 잡을래, 물고기!"

"그래, 아싸도 할 수 있어."

라후드가 도됴리의 낚싯대에 미끼를 끼워 주었다.

두 번째 물고기도 세 번째 물고기도 오로라가 낚았다. 네 번째 물고기 역시 오로라가 잡았다. 다른 외계인들과 지구인들은 한 마리도 잡지 못했다.

"나 안 해."

결국 도됴리가 제일 먼저 낚싯대를 집어던졌다. 참을성이 부족한 생선파도 낚싯대를 집어던지고는 뛰어다니며 놀았다.

루이도 슬그머니 낚싯대를 내려놓고 물러났다.

"저도 식사 준비를 해야겠어요. 바비큐를 하려면 불을 피워야 하는데, 시간이 좀 걸릴 것 같아서요."

루이는 캠핑용 화덕에 장작을 쌓고 라이터로 불을 붙였다. 아니, 불을 붙이려고 애를 썼다. 불은 잘 붙지 않았다. 그 모습을 지켜보던 오로라는 또 자기가 나설 차례라는 것을 알았다.

화덕에 불이 올라오자 루이는 커다란 캠핑용 철판을 올리고 빨갛게 양념해 온 주꾸미를 굽기 시작했다. 뿌연 연기와 함께 지글지글, 매콤달콤한 냄새가 흘렀다. 생선파는 군침을 꿀꺽 삼키며 불 주위로 모여들었다.

생선파는 음식을 입에 넣으면서도 다음 음식을 찾았다. 루이는 주꾸미 양념에 삼겹살을 넣고 볶았다. 그리고도 양념이 남자 이번엔 밥과 김치, 김 가루를 넣고 볶음밥을 만들었다. 화덕의 잔불에는 고구마와 알밤도 던져 넣었다.

마침내 라후드는 항복을 선언했다.

"더는 못 먹겠어."

'더 먹으면 지구인 슈트 터진다.'

오로라가 텔레파시를 보냈다.

결국 생선파도 배가 터질 것 같다고 외쳤다. 하지만 루이의 요리는 아직 끝나지 않았다. 루이는 가방에서 라면 봉지를 꺼내 들었다.

"캠핑 요리의 마무리는 역시 라면이죠."

루이가 라면을 끓여 내오자 배가 터질 것 같다던 지구인들과 밤 한 쪽도 더 못 먹겠다던 외계인이 라면 냄비 위로 머리를 맞댔다.

"아, 너무 맛있는데 너무 배불러."

"진짜 더는 못 먹겠어."

말은 그렇게 하면서도 지구인들은 라후드와 함께 군고구마와 군밤을 또 맛있게 먹었다. 입가에 검댕을 까맣게 묻히고도 껍질을 까는 손은 멈출 줄 몰랐다.

오로라는 끝없이 먹는 지구인들과 라후드가 걱정스러울 지경이었다. 저러다 탈이라도 나서 쓰러지면, 오로라는 그들을 구해 줘야 할까?

정작 캠핑의 주인공인 도됴리는 음식을 잘 먹지 않았다. 도됴리는 군밤을 먹는 것보다 가지고 노는 것에 더 흥미 있어 보였다.

그러거나 말거나 루이는 또 다른 음식을 가방에서 꺼냈다. 생선파의 눈이 반짝였다.

 지구인들은 먹고 또 먹고 또 먹었다. 캠핑을 하러 온 것인지 먹으러 온 것인지……. 오로라와 도됴리는 끊임없이 먹는 지구인들을 경이롭게 바라봤다.

 "생명체는 살기 위해 먹는다. 그런데 지구인들은 먹기 위해 산다."

 도됴리의 외계 향수병 치료의 날은 그렇게 저물어 갔다.

보고서 93
입이 아니라 머리로 먹는 지구인

작성자: 오로라

★ 지구인들과 농장에 다녀온 도됴리에게 이상 행동이 감지됨. 평소에는 가만히 있지 못하고 여기저기 쏘다녀 정체를 들킬 뻔하더니 이제 임시 본부에서 한 발자국도 나가려고 하지 않음. 지구에 이유 없이 너무 오래 머물러 외계 향수병이 생긴 것 같음. 라후드가 이 문제를 빨리 해결해야 함.

★ 라후드는 지구인을 잔뜩 데리고 지구의 강가로 캠핑을 갈 계획을 세움. 지구인 슈트를 벗을 수도 없고 처음 지구에 도착했을 때처럼 텐트 안에서 생활해야 한다고 함. 하지만 라후드와 도됴리만 보내기엔 탐사대장으로서 걱정이 되니 같이 갈 수밖에.

★ 캠프를 계획한 루이는 정작 할 줄 아는 게 아무것도 없음. 텐트도 못 치고 물고기도 못 잡고 불도 못 붙임. 결국 이 모든 걸 내가 다함. 그래도 루이는 지구인의 음식을 잘, 아니, 많이 만듦. 대호와 친구들 그리고 라후드는 루이가 만드는 어마어마한 양의 음식들을 다 먹어 치움. 라후드의 지구인 슈트가 터질지도 모르니 오늘밤은 라후드를 잘 감시할 것.

★ 라후드의 기대와는 다르게 캠핑은 도됴리에게 아무런 효과가 없었음. 새로운 방법을 찾아 봐야 함.

함께 먹으면 진짜 더 맛있을까?

- 지구인들은 다른 지구인과 함께 먹는 것을 좋아함. 혼자 먹는 밥은 맛이 없다며 함께 먹을 다른 지구인을 굳이 찾기도 하고 음식이 많지 않아도 주변 친구들과 나눠 먹기도 함(심지어 지구에는 '콩 한 쪽도 나눠 먹는다'는 말도 있음). 이는 지구인에게 타인이 하는 행동을 보기만 해도 공감하는 '거울 뉴런'이 있기 때문임. 거울 뉴런이 상대방의 행동을 마치 직접 하는 것처럼 느끼게 하여 상대가 음식을 먹는 모습을 볼 때 더 큰 만족감을 느끼게 되는 것. 그래서 지구인은 같은 음식을 먹어도 혼자 먹을 때와 함께 먹을 때, 또 집에서 먹을 때와 다른 지구인들이 북적이는 식당에서 먹을 때 음식의 맛을 다르게 느낌.

- 지구인의 거울 뉴런은 영상 속 다른 지구인이 먹는 것을 볼 때도 활성화됨. 이러한 이유로 지구인들 사이에서는 일명 '먹방' 동영상이 조회 수가 높음. 먹방은 특히 다이어트를 하는 지구인들에게 인기가 많기도 함. 음식을 마음껏 먹지 못하는, 다이어트하는 지구인들이 먹방을 보며 대리 만족을 얻는 것. 실제로 음식 사진과 영상을 본 지구인들의 뇌를 관찰하면 마치 진짜로 음식을 먹었을 때처럼 뇌에서 쾌락과 관련된 영역이 24% 활발해졌다는 연구 결과도 있음.

- 하지만 먹방을 너무 자주 보면 현실에서 폭식을 하게 될 위험이 높다고도 함. 먹방으로 느끼는 쾌락에 익숙해지면 그보다 더 큰 쾌감을 얻기 위해 진짜 음식을 찾게 되는 것. 영국 리버풀 대학의 연구팀이 176명의 어린 지구인들을 나눠 한 그룹에는 먹방을 보여 주고, 다른 그룹에는 먹방이 아닌 다른 영상을 보여 주는 실험을 함. 영상 시청 후 초콜릿과 젤리 등 간식을 준 결과, 먹방을 본 그룹이 그러지 않은 그룹보다 26% 더 많은 간식을 섭취한 것으로 확인됨. 또 그 먹방 속 음식이 패스트푸드처럼 열량이 높은 자극적인 음식일수록 먹는 양도 더 많아짐. 다이어트를 하는 지구인에게는 음식도 위험하지만 먹방도 위험함.

같은 음식도 맛이 다른 이유는?

- 지구인은 같은 음식을 먹어도 각자 맛을 다르게 느낌. 여기에는 유전적 차이의 영향이 있음. 지구인들은 46개의 염색체를 갖고 있는데 이 중 5번 염색체의 유전자 차이에 따라 혀에서 맛을 감지하는 미뢰의 밀도가 달라짐. 미뢰의 밀도가 높은 지구인은 맛에 민감해 순한 맛을 좋아하는 반면, 미뢰의 밀도가 낮은 지구인은 자극적인 맛을 좋아할 가능성이 큼.

- 하지만 미뢰는 맛의 정보만 수집할 뿐, 음식의 실제 맛을 판단하는 것은 지구인의 뇌임. 그래서 같은 지구인이 같은 음식을 먹어도 뇌의 상태에 따라 느끼는 맛이 달라질 수 있음. 예를 들어, 배가 고플 때 지구인의 뇌는 생존을 위해 자극에 민감한 긴장 상태가 됨. 이때 음식을 먹으면 평소보다 음식의 맛을 더 풍부하게 감지해 더 맛있게 느껴지기도 함.

- 성별에 따라 느끼는 맛이 달라지기도 함. 특히 여자 지구인 약 25%는 유난히 미각이 민감하다고 함. 또한 여자 지구인들은 쓴맛에, 남자 지구인들은 단맛에 더 민감하게 반응함.

입덧하는 남자도 있다?

임신 초기의 여자 지구인들 중에는 메스꺼움이나 헛구역질, 구토 등의 증상 때문에 음식을 먹기 힘들어하는 '입덧'을 경험하는 경우가 있다. 그런데 물리적으로 임신을 하지 않는 남자 지구인들도 입덧을 할 수 있다고 한다. 임신한 아내가 겪는 심리적, 신체적 변화에 대한 공감이 원인으로 알려져 있다. 이렇게 임신한 아내와 동일한 증상을 보이는 남편들의 현상을 '알(새끼)을 품다'라는 뜻의 프랑스어인 '쿠베르(couver)'를 따 '쿠바드(couvade) 증후군'이라고 부른다. 쿠바드 증후군은 예비 아빠 지구인의 30%가 겪을 만큼 흔하게 발생한다. 먹는 것이 중요한 지구인에게 공감은 폭식을 하게도 음식을 먹지 못하게도 만든다.

4

많이 먹든 적게 먹든 후회

지구인들, 뷔페에 가다!

지금 곰치를 보면 믿을 수 없겠지만, 곰치는 태어날 때 몸무게가 2.34kg이었다. 남자 신생아의 평균 몸무게가 3.3kg이고 2.5kg 이하는 저출생 체중아라고 알려져 있으니, 곰치는 아주 작은 아기였던 게 분명하다. 갓 태어난 곰치를 처음 안은 엄마가 깜짝 놀랄 만큼 말이다.

"어? 왜 이렇게 아기가 가볍죠? 우리 아기 괜찮은가요?"

곰치 엄마는 곰치와의 첫 만남에서 아기 얼굴보다 의사 선생님을 먼저 쳐다보며 이렇게 묻고 말았다. 너무 걱정스러워서 아기와의 첫 만남이 인생에 한 번뿐인 중요한 순간이라는 사실을 깜빡 잊고 말았다.

드라마나 영화에서처럼 아기를 처음 만나는 순간, 아기의 눈을 보며 사랑스럽게 인사하고 싶었건만……. 현실은 기대보다 걱정이 앞섰다.

"잘 먹여서 건강하게 잘 키우면 되지!"

곰치 엄마는 작아도 너무 작은 아기 곰치를 먹이는 데 온 힘을 다했다. 맛있으면서도 몸에 좋은 보양식들을 만들어 주려고 요리책과 인터넷을 다 뒤졌다. 다행히 곰치는 음식이라면 뭐든지 잘 먹었다.

엄마가 깜짝 놀랄 만큼 작았던 아기 곰치는 이제 건장한 중학생이 되었다.

곰치는 적당히 배불러서 기분이 좋은 상태로 학원에 들어갔다. 교실 분위기가 유난히 밝았다. 곰치가 고개를 갸웃거리며 물었다.

"어? 교실이 뭔가 다른데요?"

"예전 의자가 너희 엉덩이 받치느라 힘들어 죽겠다고 해서 의자 새로 놨다. 어때? 좋지? 앉아 봐."

선생님이 웃으며 반짝반짝한 새 의자를 툭툭 쳤다.

"와~!"

곰치는 의자에 털썩 앉았다. 쩌억, 의자에서 심상치 않은 소리가 났다.

'새 의자라 그런가?'

곰치는 엉덩이를 들썩여 자세를 바꾸었다. 그런데 갑자기 의자 다리가 휘청거리는 느낌이 들었다. 새 의자가 곰치의 무게를 이기지 못하고 금이 가기 시작한 것이었다.

'어떡하지? 들키면 망신인데…….'

곰치는 일단 다리에 힘을 팍 주고, 두 팔로 책상을 힘껏 짚고, 엉덩이에는 힘을 뺐다. 무슨 일이 있어도 의자가 부서지는 일은 막아야 했다.

곰치는 다행히 의자가 부서지기 전에 학원에서 빠져나왔다. 앉은 자세를 유지하느라 고생한 팔다리가 후들거렸다.

"의자가 너무 약한 거 아니야? 또 부서지면 어떡하지?"

곰치는 한숨을 푹푹 내쉬었다. 다이어트를 해야 하나? 맛있는 음식을 먹는 것이 곰치의 가장 큰 낙인데, 식단 조절을 해야 한다는 건가?

띠링, 갑자기 생선파의 단체 메시지 방이 울렸다.

곰치는 피자 뷔페의 유혹을 거절할 만큼 냉정한 사람이 아니었다. 많이 먹을 생각으로 허리 고무줄이 헐렁한 바지를 입고 오는 현명한 사람이었다. 생선파 친구들은 곰치만큼 헐렁한 옷을 입고 오지 않았다. 대학 사거리에 놀러 나온다고 나름 멋지게들 차려입은 것 같았다.

최근에 모델 학원에 상담을 가 봤다는 갈치는 벌써 모델처럼 늘씬했다. 가출까지 해서 쟁취한 운동화도 근사했다.

생선파는 피자를 마음껏 먹을 생각에 들떠 신나게 떠들었다.

곰치만 푸짐한 배를 넉넉하게 가린 운동복을 내려다보며 입을 다물었다. 아무리 좋게 생각해도 아빠 곰처럼 나온 배는 멋지지가 않았다. 갑자기 입맛이 뚝 떨어졌다.

피자고 뭐고 먹지 말까?

"얼른 가자, 배고프다."

"빨리 들어가자."

생선파는 우르르 피자 뷔페 안으로 들어갔다.

곰치는 친구들에게 안 먹겠다고 말하고 집에 가려고 했다. 하지만 식당 문을 열자마자 그 결심은 무너졌다. 문이 열리자 식당에서는 고소한 치즈 냄새, 짭쪼름한 토마토소스 냄새, 이국적이고 향긋한 향신료 냄새가 진하게 퍼져 나왔다. 곰치는 맛있는 냄새에 홀려 정신이 혼미해졌다.

곰치는 저도 모르게 눈을 감고 맛있는 피자 냄새를 깊이 음미했다.

스테이크 피자, 포테이토 피자, 고르곤졸라 피자, 바질 페스토 피자, 토마토스파게티……. 침이 꼴깍 넘어갔다.

곰치는 생선파를 따라 허겁지겁 안으로 들어갔다. 피자 냄새를 맡으니 금이 간 학원 의자나 볼록 나온 배 따위는 생각이 나지 않았다.

맛있는 음식을 눈앞에 두고 곰치는 그저 행복한 감정만 부풀었다.

다양한 피자가 놓인 진열대 앞에 선 생선파의 눈도 기대감에 반짝였다.

"으, 배불러서 숨도 못 쉬겠다."

곰치는 집에 오자마자 침대에 드러누웠다. 끄윽, 트림이 터져 나왔다.

먹을 때는 좋았는데, 뒤늦게 후회가 밀려왔다. 곰치는 벌떡 일어나 체중계를 꺼냈다. 하지만 쉽게 올라갈 수 없었다. 숫자가 더 늘어났을까 봐, 아니 분명 늘어났을 거라 두려웠다. 잠시 망설이던 곰치는 눈을 딱 감고 체중계 위로 살짝 올라갔다. 체중계가 곰치의 무게에 반응했다.

"어헝, 이제부터 과식 금지, 야식 금지, 뷔페 금지, 피자 금지, 삼겹살 금지, 콜라 금지, 아이스크림 금지!"

곰치는 책상 위에 금지 사항을 잔뜩 적어 붙였다. 이대로만 지키면 최근에 급격히 찐 살은 빠질 것이다.

"다이어트도 하고 싶고 먹고 싶은 것도 많은데 어떡해!"

그날 밤, 생선파는 하나같이 피자 뷔페를 생각하며 잠들었다.

뷔페는 참 이상했다. 많이 먹은 사람이나 덜 먹은 사람이나 다 나름의 후회를 하게 만들었다.

지구인이
식탐을 다스리는 법

작성자: 라후드

★ 대호의 친구 곰치가 걱정스러운 얼굴로 동네를 돌아다니는 모습을 봄. 아침에 볼 때는 싱글벙글이었는데 갑자기 왜 기분이 변한 거지? 지구인의 기분은 너무 자주, 너무 잘 바뀜.

★ 주말 아침부터 임시 본부 건물이 시끄럽더니 대호가 헐레벌떡 집을 나서는 걸 봄. 대호는 웬일로 축구 유니폼이 아닌 깨끗한 티셔츠에 외투를 입음. 루이 씨가 복권에 당첨되어서 우리를 근사한 레스토랑에 데리고 갔을 때와 비슷한 옷차림임. 또 좋은 레스토랑에 가는 것일까? 설마 루이 씨가 또 복권에 당첨됐나?

★ 기분 좋게 집을 나섰던 대호가 집에 올 때는 힘든 얼굴로 돌아옴. 루이 씨 말로는 대호가 친구들과 피자 뷔페를 갔다가 너무 많이 먹어서 체했다고 함. 지구인들은 때로 무리를 하면서까지 먹음.

★ 피자는 아주 맛있는 지구 음식임. 피자 뷔페에는 피자 말고 또 어떤 음식들이 있을까? 아직 지구에서 뷔페라고는 홍실 여사 칠순 잔치 때 간 것이 유일해서 다른 뷔페들은 어떨지 너무 궁금함. 외계 문명 전문가로서 언젠가 지구 뷔페 탐험을 해야겠음.

배고픈 지구인에게 가장 무서운 '아는 맛'

- 지구인들은 몸을 훌쭉하게 만드는 다이어트를 하기도 함. 다이어트를 하면 살이 안 찌는 음식만 골라 조금씩 먹음. 이런 지구인에게 가장 공포의 대상은 '아는 맛'임. 아무리 맛있어 보여도 새로운 음식은 참아 낼 수 있지만, 평소 맛있게 먹던 익숙한 음식이 앞에 있으면 이성을 잃고 마구 먹어 다이어트에 실패하는 경우가 많기 때문.

- 지구인들이 익숙한 맛에 끌리는 이유는 음식이 들어가는 곳은 입이지만, 맛을 느끼는 곳은 뇌이기 때문. 음식이 입에 들어가면 혀와 코에 있는 수천 개의 미각, 후각 세포들이 음식에 대한 정보를 뇌로 보내고, 뇌는 맛을 판단하고 기억하고 저장함. 이후 식사를 할 때 지구인 뇌가 이전에 얻은 정보를 바탕으로 저번에 먹었던 맛있는 음식을 계속 찾는 것.

- 특히 지구인들의 뇌로 전달되는 맛의 정보 80%는 후각이 담당하는데, 후각 정보는 다른 감각들과 달리 뇌에서 다양한 정보들을 종합하는 '시상'을 거치지 않고 바로 기억을 저장하고 행동과 감정, 욕망을 조절하는 '변연계'로 전달됨. 즉, 맛을 느끼고, 먹고 싶은 음식을 떠올리는 것은 지구인의 통제를 벗어나는 본능의 문제라는 뜻임.

- 맛을 느끼는 지구인의 능력이 발달하게 된 이유는 생존을 위해 먹어야 하는 음식과 먹으면 안 되는 음식을 구분하기 위해서임. 지구인의 미각과 후각은 몸에 꼭 필요한 영양소인 탄수화물은 단맛, 단백질은 감칠맛, 나트륨은 짠맛으로, 몸에 나쁜 독소는 쓴맛으로 바꾸어 뇌에 정보를 전달함. 그 덕분에 특정 영양소가 부족해지면 지구인 뇌의 생존 본능이 자극되어 그 영양소가 풍부한 음식의 맛을 떠올림. 즉, 다이어트를 하는 지구인들은 살이 찐다고 알려진 탄수화물 등의 영양소가 있는 음식을 피하지만, 그러면 그럴수록 그 영양소가 들어 있는 음식이 눈에 더 아른거릴 수밖에 없다는 이야기. 비이성적인 지구인들에게 다이어트는 매우 어려운 일임.

지구인들의 색깔 다이어트

- 다이어트를 하는 지구인들은 식탐을 잠재우기 위해 다양한 방법을 동원함. 그중 '파란색'을 이용하는 다이어트가 효과적이라고 알려져 있음. 지구인들은 파란색 계열 음식, 파란색 식기나 식탁 등을 보면 식욕이 감소함. 이는 지구인의 뇌가 독버섯이나 덜 익은 과일, 곰팡이 등 파란색을 띤 음식은 피해야 한다고 학습해 왔기 때문. 즉, 지구인의 생존 본능과 연결됨.

- 또한 지구인의 뇌에서 시각 자극을 받아들이는 영역은 다른 색에 비해 파란색을 인지할 때 가장 차분하고 이성적인 판단을 함. 그래서 파란색을 보면 지구인의 식욕이나 음식에 대한 감정을 통제하는 데 도움을 주는 것.

- 반대로 빨간색을 보면 지구인들의 식욕이 폭발함. 지구인의 뇌는 과일, 채소, 고기 등 빨간색을 띤 음식은 영양소가 풍부하다고 생각해서 빨간색을 보면 자연스럽게 식욕이 증가함. 또, 빨간색을 보면 지구인의 뇌는 흥분감을 주는 신경 전달 물질인 '아드레날린'을 분비함. 아드레날린이 분비되면 맥박이 빨라지고 혈압이 높아지는 등 몸의 활동성이 높아짐. 이 결과 영양소를 섭취하고 싶은 욕구가 더 커지는 것.

- 미국의 한 대학교에서 학생 225명을 대상으로 각각 빨간 접시와 흰색 접시에 음식을 담아 먹게 한 결과, 빨간색 접시에 음식을 먹은 학생들의 식사량이 흰색 접시에 먹은 학생들보다 평균 21% 많았음.

5

햄버거 중독에서 벗어나는 법

먹는 건 참기 어려운 지구인

"음식이냐, 운동이냐!"

곰치는 뷔페에서 급하게 찐 살을 빼기 위해 결국 다이어트를 결심했다. 그리고 다이어트 방법을 두고 죽느냐 사느냐 고민하는 햄릿보다 더 심각한 고민에 빠졌다.

다이어트의 기본은 식단 조절과 운동! 곰치가 세상에서 제일 싫어하는 두 가지다. 운동을 하자니 몸이 너무 힘들고 음식을 줄이자니 배가 너무 고팠다.

"아아, 어쩌란 말이냐!"

달리기 3일 만에 곰치는 운동을 포기했다. 숨이 막히고 무릎이 아프고 온몸이 쑤셔서 버틸 수가 없었다.

"운동은 못 하겠다. 힘들어서 어떻게 사냐고!"

곰치는 차라리 조금 덜 먹기로 했다. 평소보다 20% 덜 먹으면 살도 빠지고 건강해진다는 다이어트 비결을 듣고 엄마에게 밥그릇부터 바꿔 달라고 했다.

"엄마, 나 이제부터 이 그릇에 밥 먹을래."

너무 무리할까 봐 엄마는 곰치를 말렸지만, 곰치의 다짐은 굳건했다. 곰치는 밥을 적게 먹기로 결심한 그날부터 마음을 단단히 먹고 음식량을 줄였다. 밥도 조금, 국도 조금, 반찬도 조금만 먹었다. 예전에는 먹으면 큰일 날 줄 알았던 채소 반찬은 조금 더 먹었다.

그런데 배가 고플 때 먹어도 상추는 쓰고, 콩나물은 비리고, 버섯은 먼지 맛이 났다. 우웩.

곰치는 온종일 배고픈 위장을 살살 쓰다듬으며 달랬다.

하지만 곰치의 위장은 쓰다듬는 정도로는 달래지지 않았다. 평소보다 20% 더 먹기는 쉬운데, 20% 덜 먹기는 너무 어려웠다. 인간의 몸은 소식보다 과식에 적합하게 만들어진 것이 아닐까?

겨우 20% 차이를 극복하지 못한 곰치의 위장은 아침부터 밤까지, 눈을 뜨고 있는 내내 배가 고프다고 아우성을 쳤다. 배고픈 위장은 뇌를 지배하여 공부고 운동이고 심지어 게임마저도 못 하게 만들었다. 하루 종일 음식 생각뿐이었다.

이틀이 지나자 잠자는 동안에도 꿈에 먹을 것이 나왔다. 뷔페처럼 맛있는 음식을 한상 가득 잔뜩 차려 놓고 막 먹으려고 할 때 눈이 번쩍 떠졌다. 눈앞에 있던 음식은 사라지고 빈 천장만 남았다.

"아……, 먹기도 전에 깨면 어떡해?! 꿈이니까 마음껏 먹으려고 했는데……!"

항상 배가 고픈 곰치는 다리가 후들거리고 눈앞이 팽팽 돌았다. 짜증도 치솟았다.

"아, 배고파. 배고파서 못 살겠어."

식단 조절을 시작한 지 3일 만에 곰치는 냉장고로 달려가고 말았다. 먹을 것이란 먹을 것은 다 꺼내서 마구 먹기 시작했다. 조금 뒤 배가 빵빵하게 불러오자 곰치는 그만 후회했다.

"윽, 좀만 참을걸."

음식을 조금 먹는 다이어트는 사람이 할 짓이 못 되었다. 적어도 곰치는 그렇게 생각했다.

"잘 먹으면서 운동도 안 하고 살을 뺀 사람도 있을 거야. 세계 인구가 80억 명이 넘는데, 그런 사람 한 명 없겠어?"

곰치는 다이어트에 관한 정보가 차고 넘치는 너튜브에 검색해 봤다.

세상에는 양껏 먹으면서 다이어트를 하는 방법이 무궁무진했다. 하지만 곰치는 그 정보들을 무턱대고 믿지는 않았다.
　'다이어트 약은 위험하고 원 푸드 다이어트는 가짜야.'
　곰치는 거짓 정보나 과장 광고에 휘둘리지 않았다!
　'음식을 잘 먹고 살을 뺀 사람…… 운동도 많이 한 사람은 제외하고…….'
　곰치는 원하는 정보가 나올 때까지 검색을 하고 또 했다. 튀기지 않고 구워서 열량을 낮췄다는 포테이토칩 한 봉지를 다 먹을 때쯤 드디어…….
　"찾았다~! 많이 먹고 운동 안 하고 살 뺀 사람!"
　곰치는 금덩이라도 찾은 기분이었다. 삼겹살이 아니라 닭가슴살을, 소스나 쌈장 없이 꼭 채소와 함께 먹어야 한다는 점이 거슬렸지만, 그래도 그게 어디냐 싶었다.

"엄마, 나 닭 가슴살 사 줘요. 많이. 상추랑 방울토마토도!"

곰치는 엄마에게 다이어트에 필요한 음식을 부탁하러 갔다. 그런데 곰치가 자리를 비운 그 짧은 시간 동안 영상에서는 매우 중요한 정보가 흘러나오고 있었다.

곰치는 너튜브에 나온 사람처럼 닭 가슴살과 채소를 먹으며 다이어트를 시작했다. 영상에서는 배불리 먹어도 된다고 했지만, 그래도 다이어트이니 너무 많이 먹지 않으려고 애썼다. 신기하게도 뷔페에서 찐 살이 일주일 만에 빠졌다.

"우와, 이거 진짜 좋은 방법이네."

곰치는 다이어트 성공을 확신했다. 하지만 다음 순간 곰치의 마음이 해이해지며 곰치는 점점 더 많이 먹기 시작했다. 슬금슬금 소금 한 꼬집, 마요네즈 반 스푼, 케첩 한 번 쭈욱 등 소스도 뿌리기 시작했다.

곰치는 다이어트를 이어 갔지만 이상하게도 더는 몸무게가 줄지 않았다. 몸무게의 변화가 없자 곰치는 다이어트가 지루해졌다. 닭 가슴살은 퍽퍽하고 심심했고, 상추는 쓰고 방울토마토는 그냥 맛이 없었다.

곰치는 심심하고 건강한 음식에 질려 버렸다. 맛있는 음식이 먹고 싶었다. 짭짤하고 기름지고 달달하고 불량한 음식이 너무너무 먹고 싶었다. 예를 들면 햄버거나 콜라…….

"으아악, 더는 못 참겠어. 딱 한 개만 먹을래."

곰치는 울부짖으며 집을 뛰쳐나갔다.

"햄버거 딱 한 개만 먹으면 살 안 쪄. 그리고 뭐든 맛있게 먹으면 0칼로리라고 그랬어."

곰치는 말도 안 되는 논리를 펼치며 햄버거 가게를 향해 달렸다. 햄버거 가게의 문을 벌컥 열었다. 오랜만에 맡아 보는, 기름에 지글지글 구워지는 햄버거 패티 냄새가 풍겼다. 냄새만 맡아도 입안에 군침이 돌았다.

느끼한 햄버거 냄새가 감동적이었다.

곰치는 대왕버거 세트를 주문하고 일부러 햄버거 냄새가 진하게 풍기는 주방 가까운 자리에 앉았다. 기다리는 동안 냄새만 맡아도 행복했다.

그런데 곰치의 건너편 테이블에 어디선가 많이 본 아줌마가 대왕버거 세트를 앞에 두고 앉아 있었다. 곰치는 고개를 갸웃거렸다.

'분명히 아는 사람인데……. 누구더라?'

곰치는 곰곰이 생각했다.

"아! 하나네 어머니다. 혼자 햄버거를 먹으러 오셨네."

대왕버거는 불맛이 나는 거대한 패티가 두 장이나 들어간 햄버거다. 입 크기가 보통인 사람은 한입에 넣을 수도 없다.

그러나 일 원장은 보통 사람이 아니었다.

일 원장은 대왕버거를 손으로 꾹꾹 눌러 햄버거의 두께를 자신의 입 크기에 딱 맞추었다. 그리고는 한 입 크게 베어 물었다. 와앙.

보송보송한 빵과 따끈한 패티와 달콤하고 짭짤한 소스가 일 원장의 입안에 착 붙었다. 일 원장은 맛을 음미하며 천천히 씹다가 입안에서 버거 맛이 사라지기 전에 차가운 콜라를 쪼르륵 빨아 마셨다. 저절로 흐뭇한 웃음이 흘렀다.

일 원장은 이번 주에만 벌써 대왕버거를 세 개째 먹고 있다. 너무 바빠서, 천천히 밥 먹을 시간이 없어서 패스트푸드를 찾은 건 아니다. 햄버거가 너무 맛있어서, 특히나 대왕버거가 너무 좋아서 자주 먹으러 왔다.

사실 일 원장은 1년 전부터 햄버거 중독이라고 해도 될 만큼 햄버거를 많이 먹고 있었다.

작년에는 학원 일이 너무 힘들었다. 매일 밤늦게 일하고 끼니를 제대로 챙길 틈도 없었다. 퇴근할 때쯤이면 배에서 꼬르륵 소리가 천둥처럼 울려 퍼지기 일쑤였다. 그러던 어느 날 밤, 온종일 굶은 일 원장은 우연히 대왕버거를 먹었다.

그날 일 원장은 허겁지겁 대왕버거를 다 먹어 버렸고, 옛날 기억이 새록새록 떠올랐다.

"중학생 때 햄버거 진짜 많이 먹었는데……. 친구들이랑 아무 걱정도 없이 즐겁게 쨱쨱거리면서……."

그 이후부터 일 원장은 틈만 나면 대왕버거를 먹었다. 지치고 힘들었다가도 대왕버거를 먹으면 기분이 풀렸다. 정크 푸드라고 무시했던 음식이 어느새 소울 푸드가 되었다.

그러나 일 원장의 소울 푸드는 가족에게 철저히 비밀이었다. 홍실 여사는 일 원장의 건강을 염려할 것이고, 아이들의 반응도 보나 마나 뻔했다.

일 원장은 가족 몰래 햄버거를 먹으러 다녔다. 하나와 최고는 물론 학원생들이나 아이들의 친구에게도 들키지 않으려고 가까운 햄버거집을 두고 멀리 다른 동네로 대왕버거를 먹으러 다녔다.

오늘도 일 원장은 아이들에게 급한 일이 있다고 둘러대고 곰치가 사는 동네의 대왕버거집에 온 것이다. 그런데 일 원장이 햄버거를 반도 먹기 전에 갑자기 핸드폰이 울렸다. 최고가 영상 통화를 걸었다.

"어휴, 영상 통화는 안 되는데……."

일 원장은 얼른 통화를 거절하고 메시지를 보냈다.

 엄마 회의 중이야. 왜?

배고파요. 컵라면 먹어도 돼요?

안 돼. 미역국 끓여 놨으니까 그거 먹어.

우웩, 미역 싫어. 나 햄버거 먹고 싶어요.

햄버거는 건강에 안 좋아. 그냥 밥 먹어. 엄마가 집에 가서 고구마 구워 줄게.

"햄버거?!"

일 원장은 저도 모르게 주위를 두리번거리며 말했다. 일 원장은 서둘러 메시지 창을 끄고, 남은 햄버거를 급하게 입에 쑤셔 넣었다. 핸드폰이 또 울렸다. 이번에는 하나였다. 일 원장은 입안에 햄버거를 가득 문 채로 전화를 받았다.

그날 일 원장은 가족들에게 햄버거 먹은 것을 들키지 않았다. 다행이라고 안심한 것도 잠시, 저녁 무렵부터 일 원장은 슬슬 배가 아팠다. 밤이 깊어질수록 배는 더 아파졌다. 장이 꼬이는 것 같았고, 속이 메슥거리다가 결국 토까지 했다.

일 원장은 데굴데굴 구르다가 응급실로 실려 갔다. 하나와 최고는 할머니를 불러 함께 병원에 갔다. 아이들은 엄마가 너무 걱정되어 눈물이 그렁그렁했다.

다행히 일 원장은 식중독이 아니라 급체였다. 대왕버거를 너무 급하게 먹은 탓이었다.

일 원장이 응급실에서 퇴원한 뒤부터 최고는 엄마를 감시했다. 엄마가 또 혼자 대왕버거를 먹으러 다닐까 봐. 아니, 솔직히 엄마가 대왕버거를 먹으러 가길 기다렸다. 냉큼 따라가서 같이 먹으려고 말이다. 하지만 일 원장이 햄버거의 '햄' 자라도 꺼내는 날은 다시 오지 않았다.

기다리다가 지친 최고가 먼저 엄마에게 졸랐다.

"엄마, 우리 오늘 대왕버거 먹으러 가요."

"난 생각 없어."

"엄마만 많이 먹고! 나도 햄버거 먹고 싶다고요!"

일 원장은 어쩔 수 없이 온종일 대왕버거 노래를 부르는 최고를 데리고 버거집에 갔다. 하지만 기름진 버거 냄새를 맡자 일 원장은 그만 헛구역질을 하고 말았다.

"엄마는 못 먹겠다. 너 혼자 먹고 와."

대왕버거를 먹고 탈이 난 이후 일 원장은 대왕버거를 영영 못 먹게 되었다.

"건강을 위해서는 잘된 일인지……. 에고, 모르겠다, 에휴. 이제 뭘 먹으면서 스트레스 풀지?"

일 원장은 버거집을 나오며 중얼거렸다.

지구인의 기분을 좌우하는 음식

작성자: 오로라

★ 최근에 대호의 친구 곰치가 온 동네를 달려다니는 것을 자주 목격함. 우주국 청소년 요원일지도 모르니 당분간 조심해야겠음. 라후드는 아니라고 하지만 대호의 친구들은 일단 전부 의심스러움.

★ 다행히 곰치의 달리기는 며칠 가지 않아 끝났음. 이제 거의 집 밖으로 나오지 않음. 아니면 어디 안 보이는 곳에 숨어 있나?

★ 오늘은 또 오랜만에 곰치를 봄. 이번에는 혹시 몰라 곰치를 따라가 봄. 곰치는 옆 동네의 햄버거집으로 들어감. 그곳에 일 원장도 있었음!

★ 일 원장과 곰치는 서로 아는 척을 하지 않았지만, 일 원장이 수상함. 햄버거를 열심히 먹으면서 하나한테 온 전화에 대고는 떡을 먹고 있다고 거짓말을 함. 일 원장을 조금 더 관찰할 필요가 있음. 거짓말이 지구인의 특성이긴 하지만 딸한테까지 먹은 걸 거짓말하는 지구인 엄마도 있나?

★ 동네에 또 구급차 사이렌 소리가 울림. 임시 본부 앞에서 멈춘 구급차는 일 원장을 싣고 떠남. 일 원장의 집에서 무슨 일이 벌어지고 있는지 조사할 필요가 있음.

기분에 따라 달라지는 지구인의 입맛

- 지구인들은 몸에 좋지 않다는 것을 알면서도 자주 먹는 음식이 있음. 대표적인 음식은 패스트푸드. 패스트푸드는 열량과 나트륨, 지방이 너무 많아 자주 먹으면 비만이 되기도 하고, 소화를 방해하고 혈관과 피부에도 나쁜 영향을 끼침.

- 그런데도 지구인들이 패스트푸드를 찾는 이유는 과거 생존을 위해 고열량 음식으로 몸에 에너지를 저장하려던 본능이 남아 있기 때문. 지구인들은 패스트푸드 같이 열량이 높은 음식을 먹을 때 보상 중추인 '복측 피개 영역'이 활성화됨. 보상 중추가 자극받으면 도파민 등 쾌락을 유발하는 신경 전달 물질이 분비되고, 그 쾌락의 경험이 뇌에 학습되면서 계속해서 패스트푸드에 끌리게 됨.

- 하지만 패스트푸드가 모든 지구인에게 쾌락을 주는 것은 아님. 만약 예전에 패스트푸드를 먹고 끔찍한 경험을 했다면 아무리 고열량의 맛있는 음식이라도 먹기 싫을 수 있음. 그 이유는 지구인의 뇌에서 음식의 맛이 좋은지 나쁜지 최종적으로 평가하는 곳은 '편도체'이기 때문. 편도체는 지구인의 감정을 조절하고 특히 공포스러운 상황을 학습하는 것이 주요 역할이라 감정이 안 좋은 상태에서 먹은 음식은 거북하게 기억해 피하게 만듦.

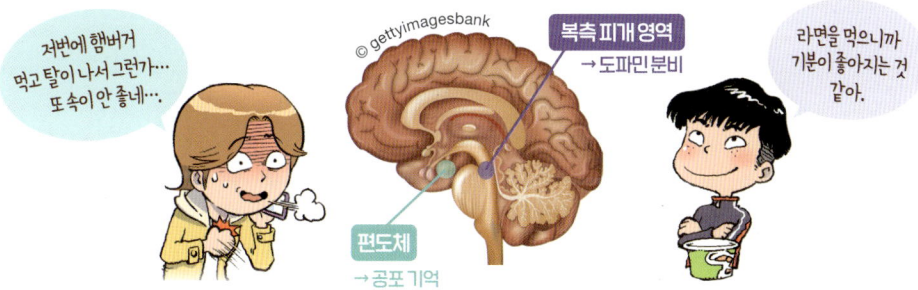

- 장에 있는 세포들도 지구인의 음식에 대한 기억에 영향을 줌. 장 세포들이 보내는 정보들을 뇌의 여러 영역에 전달하는 '미주 신경'이 뇌에서 기억을 담당하는 '해마'에도 연결되어 있기 때문. 심지어 장에서 뇌로 보내는 정보들은 소화 기능에 대한 것뿐만 아니라 감정과 기분으로 생긴 다양한 장내 변화까지 포함함. 지구인은 음식의 맛보다 어떤 상황에서 먹는지가 중요한 것으로 보임.

먹는 걸로 스트레스 푸는 지구인들

- 지구인들을 스트레스를 받으면 가끔 폭식을 함. 이는 스트레스를 받으면 뇌에서 '코르티솔'이라는 신경 전달 물질이 나오기 때문. 코르티솔은 식욕을 조절하는 신경 전달 물질인 '렙틴'의 기능을 약화시켜 식탐을 부추기고 복부에 지방을 쌓음. 그래서 오랫동안 스트레스에 노출된 지구인은 비만이 될 위험이 있음.

- 스트레스를 받은 지구인은 케이크, 과자, 초콜릿 같은 달콤한 음식을 찾는 경우가 많음. 열량이 높은 달달한 음식이 지구인의 뇌에서 세로토닌을 분비시키기 때문. 하지만 단 음식이 주는 심리적 안정감은 오래가지 못함. 스트레스를 받을 때마다 단 음식에 너무 의존하게 되면 점점 더 단 음식을 많이 먹고 싶어 하는 중독 현상에 빠질 수 있음.

- 매운 음식도 마찬가지. 지구인들에게 매운 음식은 사실 맛이 아니라 혀의 통점이 자극되어 느끼는 고통이기 때문에, 매운 음식을 먹을 때 지구인들의 뇌에서는 고통을 줄이기 위해 쾌감과 진통 효과를 주는 '엔도르핀'이 분비됨. 엔도르핀의 영향으로 일시적으로 스트레스가 해소되는 느낌을 받을 수는 있지만, 이 경험이 반복되어 매운맛에 중독된 지구인은 매운 음식을 못 먹으면 무기력함을 느끼게 됨. 게다가 매운 음식을 자주 먹다 보면, 소화 불량, 위염 들이 생기기도 함.

탈이 난 음식은 거들떠보지도 않는 지구인들

지구인들은 맛있고 영양가 높은 음식을 좋아하지만 식욕을 부르는 음식 중 먹지 않는 음식도 있다. 예전에 먹고 탈이 난 적이 있거나 알레르기가 있는 음식은 피하기 때문이다. 자신에게 해로운 음식이 무엇인지 학습하고 기피하는 행동은 지구인의 생존 본능 중 하나다. 특정 음식에 대한 기피 행동은 단 한 번의 경험으로도 발달할 수 있고 배탈이나 알레르기 반응이 늦게 나타나도 지구인은 어떤 음식이 원인인지 알아차리기도 한다. 쥐를 통해 이 현상을 처음 발견한 심리학자의 이름을 붙여 이를 '가르시아 효과'라고 한다.

웩, 지구 음식은 보기만 해도 속이 안 좋다….

6
행복한 순간이 떠오르는 음식

지구인을 울리는 한입

오로라는 여러 외계 행성에서 파견 근무를 하면서 외계 향수병에 시달리는 외계인들을 많이 보았다. 위급한 임무 중에는 바로 고향 행성 귀환 조치를 하지 못하기에 향수병이 깊어지는 것을 지켜보기만 해야 할 때도 있었다.

　다행히 외계 향수병 초기 단계는 별로 위험하지 않다. 1단계의 주요 증상은 말이 없어지는 것이다. 수다쟁이 도됴리는 3일 전부터 말을 안 했다. 의심했던 외계 향수병이 본격적으로 시작된 것이다.

　오로라는 냉철한 계산에 따라 외계 향수병 1단계의 부하에게 중요한 임무를 맡긴 적이 있었다. 외계 향수병은 고향 별이 아닌 다른 행성에 머물 때 외로워서 생기는 병이다. 기쁘거나 행복해지면 좋아질 것이다.

　그 판단은 옳았다. 오로라의 생각대로 임무를 완수한 부하는 외계인 향수병 1단계에서 무사히 탈출할 수 있었다.

하지만 2단계부터는 외계 향수병이 저절로 나을 가능성은 매우 낮았다. 2단계가 되면 에너지 섭취를 거부하며 건강이 나빠졌다. 3단계의 주요 증상은 몽유병으로, 더 위험했다. 귀환 우주선의 문을 열고 탈출할 수도 있었다. 임무와 부하들의 안전을 동시에 고려하는 오로라는 부하들의 외계 향수병을 3단계까지 방치하지 않았다. 외계 향수병 4단계에 이르면…….

"4단계는…… 죽는 거야?!"

그 시각 일등학원 건물 1층에는 새로운 간판이 붙었다. 쇼팽 피아노 학원이 공식적으로 문을 열었다.

때맞춰 특별 주문한 떡도 도착했다. 늙은 호박을 듬뿍 넣고, 팥고물을 보슬보슬 올린 호박시루떡이었다. 피아노 선생님은 떡을 통째로 그랜드 피아노 위에 놓았다.

"고사라도 지내야 하나?"

피아노 선생님은 아직도 김이 폴폴 나는 호박시루떡을 피아노 위에 놓고 큰절을 두 번 했다. 학원이 잘되게 해 달라고 신에게 절을 올린 것이다.

피아노 선생님은 평소에 미신이나 징크스 같은 것을 믿는 비이성적인 지구인은 아니었다. 그냥 인생 첫 학원을 개원하였으니 초조하고 불안하여 남들을 흉내 내 본 것이다.

"이제 떡을 돌려야겠다."

사실 피아노 선생님은 있는지 없는지도 확실하지 않은 신보다 곁에 있는 이웃들을 더 믿었다. 좋은 이웃은 행운을 가져다줄 것이라고 말이다.

피아노 선생님은 붉은 팥고물이 먹음직스럽게 붙은 시루떡을 슥슥 잘라 접시에 나누어 덜었다.

후두둑 떨어지는 팥 고명을 주워 먹으니 저절로 할머니 생각이 났다.

어릴 때 할머니와 단둘이 살았던 피아노 선생님은 자주 이사를 다녔다. 그때마다 할머니는 이웃들에게 떡을 돌렸다. 맛있는 음식을 나눠 먹으면 모두가 복을 받는다며 어린 피아노 선생님의 손을 꼭 잡고 떡을 나누러 다녔다.

피아노 선생님은 부끄러움을 떨쳐 버리려고 더 크게 웃으며 학원을 나섰다.

땡동, 피아노 선생님이 4층 아우린 임시 본부의 초인종을 눌렀다. 안에서 분명히 인기척이 들렸다. 그러나 대꾸가 없었다. 문을 열기도 힘든 상황인가? 그냥 내려갈까?

막 돌아서는데, 빼꼼 문이 열렸다. 선생님은 활짝 웃으며 떡 접시를 내밀었다.

라후드는 진짜 지구인 이웃처럼 자연스럽게 웃어 주고 들어왔다. 하지만 피아노 선생님은 문전박대를 당한 기분이었다.

"섭섭하네……."

피아노 선생님이 투덜거리며 돌아서는데, 현관문 안에서 대화하는 소리가 들렸다. 어쩐지 방금 준 떡 이야기인 것 같았다. 피아노 선생님은 예의 없는 행동인 줄 알면서도 현관문에 귀를 살짝 대고 말았다.

"떡 자주 나눠 먹었는데. 줍줍 여사네 집 사람들이 떡을 정말 좋아했다."

라후드의 시무룩한 목소리가 문밖으로 흘러 나왔다.

"그래서 떡이 좋다는 거야, 싫다는 거야? 주고도 욕이나 먹고. 요즘 사람들은 다정함이 없어."

피아노 선생님은 고개를 절레절레 저으며 학원으로 내려왔다. 그리고는 쇼팽 피아노 학원 첫 번째 학원생이 될지도 모르는 302호에 줄 떡을 한 접시 담았다.

"젊은 사람이라 떡 싫어하려나?"

피아노 선생님은 다시 한번 떡을 뜯어 먹어 보았다. 쫀득하고 달콤하니 맛만 좋았다. 용기를 내서 떡을 가지고 올라갔다.

"1층 피아노 학원이에요. 개업 인사로 떡 좀 가져왔어요."

현관문이 경쾌하게 열리고, 루이가 슬리퍼를 거꾸로 신은 채 뛰쳐나왔다.

"떡 좀 드셔 보세요. 호박시루떡인데, 입맛에 맞을지……."

"네? 호박시루떡이요?"

갑자기 루이의 표정이 일그러졌다. 코가 빨개지더니 곧 귀까지, 온 얼굴이 시뻘게졌다.

"왜 그러세요? 제가 무슨 잘못이라도……."

당황한 피아노 선생님의 말이 끝나기도 전에 루이는 울음을 터뜨렸다. 그냥 눈물을 흘리는 것도 아니고 엉엉, 그네에서 떨어진 아기처럼 울었다. 잘 보이고 싶은 피아노 학원 선생님 앞인데도 눈물을 참을 수가 없었다.

"떡이…… 호박…… 시러……."

"아니, 떡이 싫다고 울어요? 떡이 무슨 죄가 있다고?"

사실 루이는 떡이 싫은 게 아니라 엄마 생각이 나서 울었다.
  생일이면 다른 집들은 생일 케이크에 촛불을 켰지만, 루이네 가족은 호박시루떡에 촛불을 밝혔다. 엄마가 아이들의 생일 때마다 직접 떡을 만들었기 때문이다.
  엄마가 노랗게 익은 늙은 호박을 얇게 썰기 시작하면 루이는 아기 대호를 업고, 엄마 뒤를 졸졸 따라다니며 구경했다. 커다란 시루에 쌀가루를 깔고 얇게 썬 호박을 올리고 다시 쌀가루를 올리고, 또 팥과 호박을 올리고……. 그렇게 엄마가 켜켜이 쌓은 떡을 정성 들여 쪄 낼 때까지 루이는 그 주위를 빙빙 돌았다.

루이네 냉장고에는 루이와 대호의 생일마다 호박시루떡 옆에서 찍은 사진이 줄줄이 붙어 있었다. 엄마 아빠가 돌아가시던 그해까지.

부모님이 한꺼번에 돌아가신 뒤 루이는 생일 파티를 한 번도 하지 않았다. 대호의 생일에는 케이크를 사고 같이 사진도 찍었지만, 시루떡을 사지는 않았다. 단 한 번도!

너무 어려서 기억도 희미하고, 떡 이름도 모르던 대호는 당연히 호박시루떡에 대한 추억을 잊어버렸다. 하지만 루이는 아니었다. 처음에는 호박시루떡은 물론이고 그냥 다른 시루떡만 봐도 눈물이 쏟아져서 일부러 피했다. 다행히 자주 접하는 음식이 아니라 시간이 지나면서 루이는 호박시루떡 생각을 점점 안 했다. 아니, 잊으려고 애를 써서 겨우 잊었다.

그런데 갑자기 피아노 선생님이 그 떡을 들고 나타났다. 달콤한 팥과 호박이 섞인 구수한 떡 냄새를 맡자 루이는 엄마를 쫓아다니던 어린 시절로 확 빨려 들어간 것 같았다. 그래서 그만 눈물이 터지고 말았다.

루이는 목멘 소리로 피아노 선생님에게 시루떡과 엄마에 대해 설명했다.

"떡이 싫어서 우는 게 아니예요. 반가워서 그래요. 어릴 때 생일 때마다 엄마가……."

피아노 선생님은 울먹이며 이야기를 하는 루이의 목소리에 귀 기울였다.

"아, 그러셨구나. 저도 이 떡만 보면 우리 할머니 생각이 나거든요. 맛있게 드시고 더 드시고 싶으시면 학원으로 내려오세요. 많이 있어요."

피아노 선생님은 루이의 어깨를 토닥여 주고 돌아갔다.

루이는 엄마를 생각나게 하는 호박시루떡을 혼자 먹지 못했다. 식탁 위에 고이 모셔 놓고 대호를 기다렸다. 몇 시간이나 지났을까? 해가 져서 방이 컴컴해졌는데도 루이는 불도 켜지 않은 채 가만히 앉아 있었다.

보고서 96
지구인은 음식으로 힘을 낸다

작성자: 라후드

★ 도됴리의 외계 향수병 증상이 심해지고 있음. 저번에 루이 씨의 추천으로 간 캠핑은 아무 효과가 없었음. 도됴리는 여전히 학교에 가지 않으려고 하고 최고는 계속 임시 본부를 찾아옴. 지구인이 자꾸 임시 본부에 찾아오는 건 매우 위험함.

★ 오로라가 외계 문명 전문가인 내가 이 문제를 해결해야 한다고 했으니 반드시 방법을 찾아 도됴리가 다시 지구에 관심을 갖게 만들어야겠음.

★ 최고 외에 1층에 피아노 학원을 연 선생님도 임시 본부를 찾아옴. 그러더니 맛없는 지구 음식 중 하나인 떡을 줌. 지구인들은 비이성적인 미신 때문에 새로 이사를 하거나 가게를 열면 이웃에 떡을 돌린다고 함. 떡은 매우 끈적거리고 털에 다 묻는 귀찮은 음식임.

★ 임시 본부 건물 복도에서 루이 씨가 피아노 선생님과 얘기하면서 우는 것을 목격함. 학원 공사를 할 때는 시끄럽게 하더니 최악의 음식 떡을 돌리고 루이 씨를 울리기까지……. 피아노 선생님은 조금 더 관찰해 봐야 할 지구인임.

지구인들의 마음을 달래 주는 음식

- 지구인들은 저마다 '위로의 음식'이 있음. 위로의 음식이란 지구인들이 스트레스를 받거나, 우울감이나 외로움을 느낄 때 심리적인 편안함을 얻기 위해 찾는 음식을 일컬음. 2020년 한국에서 코로나19 바이러스가 퍼져 몸도 마음도 아프고 힘든 지구인들이 많던 시기, 한국에 사는 지구인들이 많이 꼽은 위로의 음식은 떡볶이, 치킨, 김치찌개였음.

- 떡볶이, 치킨, 김치찌개가 모든 지구인에게 위로의 음식은 아님. 위로의 음식은 대부분 특정 지구인이 오랜 시간 산 지역에서 흔히 먹을 수 있는 음식일 가능성이 높음. 그래서 위로의 음식은 지구인들에게 안정감과 소속감을 느끼게 해 주는 역할을 하기도 함. 타지에 오래 머무르는 지구인들이 고향에서 먹던 위로의 음식을 찾는 경향이 두드러지는 것도 이 때문임.

- 하지만 지구인은 슬플 때뿐만 아니라 기쁠 때도 위로의 음식을 찾음. 미국 코넬 대학교와 캐나다 맥길 대학교 공동 연구팀이 지구인 277명을 분석한 결과, 위로의 음식을 찾는 이유는 성별과 나이, 배경에 따라 달라질 수 있음. 특히 여자 지구인들은 기분이 안 좋을 때 위안을 얻기 위해 그런 음식을 찾지만, 남자 지구인들은 좋은 일이 있을 때 위로의 음식을 찾는 경향이 두드러짐.

지구인들이 위로의 음식을 찾는 상황

<기분이 안 좋을 때>

<기분이 좋을 때>

지구인의 추억을 소환하는 음식

- 지구인들은 종종 음식을 먹으면서 엄마 생각이 난다며 눈물을 흘리거나 오래전에 있던 특별한 순간을 떠올리며 추억에 잠기곤 함. 그만큼 음식은 지구인에게 잊고 지냈던 기억을 떠오르게 하는 힘이 있음.

- 이는 지구인의 뇌가 보거나 들었던 기억보다 냄새를 맡았던 기억을 가장 잘 떠올리기 때문임. 지구인이 맛을 느낄 때 가장 큰 영향을 미치는 후각은 다른 감각들과 달리 뇌에서 기억을 담당하는 변연계와 가장 직접적으로 연결되어 있음. 이 이유로 특정 음식을 먹을 때 그 음식과 관련된 과거의 기억이 강하게 되살아나는 것(※후각과 변연계의 관계는 보고서 94를 참고!).

- 1960~1970년대에 유년 시절을 보낸 한국의 지구인들을 대상으로 그 시대의 일상생활을 담은 영상을 보여 주는 실험을 진행했을 때, 그냥 영상만 본 지구인들보다 그 당시 많이 먹은 달고나, 뻥튀기 등의 간식 냄새를 맡으며 영상을 본 지구인들이 과거를 더욱 구체적으로 기억함.

- 심지어 과거의 기억을 잃는 '알츠하이머병'에 걸린 지구인들도 추억의 음식을 맛보면 옛 기억을 떠올릴 수 있는 것으로 알려져 있음. 지구인에게 음식은 식량 이상의 의미가 있는 것이 분명함.

냄새로 기억을 저장하는 방법

지구인이 좋아하는 작가 중 마르셀 프루스트라는 작가가 있다. 프루스트는 자신의 소설 『잃어버린 시간을 찾아서』에서 홍차에 적신 마들렌 향을 음미하며 어릴 적 매주 일요일 아침, 고모가 내어 주었던 마들렌과 홍차를 생각한다. 후각은 기억을 담당하는 변연계에 정보를 보내기 때문이다. 이처럼 냄새를 맡는 것으로 과거의 기억이나 추억이 떠오르는 현상을 작가의 이름을 따 '프루스트 현상'이라고 부른다.

시루떡 냄새만 맡아도 할머니 생각이 난다니까.

7

외계 향수병을 물리친 지구 음식

과일 가게에서 가장 눈에 띄는 것은 새빨간 딸기였다. 아삭한 과일을 좋아하는 루이가 선호하는 과일은 아니지만……

"호사스러운 과일……."

루이는 싱긋 웃으며 중얼거렸다. 대호가 아기였을 때 엄마는 철이 되면 딸기를 샀다. 꼭지를 따고 반으로 갈라서 작은 접시에 몇 개 두면, 아기 대호가 손가락과 딸기 반쪽을 같이 쪽쪽 빠는 사이에 어린이 루이가 나머지를 싹 다 먹어 치우곤 했다.

루이가 제 몫으로 남겨 둔 딸기를 다 먹고 아기 대호의 접시를 노리면, 엄마는 엄마 것으로 남긴 온전한 딸기 하나를 루이의 입에 넣어 주며 말했다.

"딸기는 호사스러운 과일인데, 아기들은 딸기를 좋아하더라. 너 아기 때는 딸기를 혼자 다 먹었어. 그러니까 동생 걸 뺏어 먹지 말자."

루이가 대호의 딸기를 뺏어 먹었는지 안 뺏어 먹었는지는 기억이 나지 않았다.

"엄마는 딸기를 좋아하셨을까?"

엄마가 먹을 딸기까지 충분히 사기에는 너무 비싸기에, 엄마는 딸기를 호사스러운 과일이라고 했을까? 아니면 그냥 그때는 딸기가 지금보다 더 비싸서 그런 말씀을 하셨을까?

루이는 이제 딸기를 썩 좋아하지 않는데, 왜 그때는 엄마 것까지 야무지게 먹었는지. 이제 와서 생각해 보니 욕심을 부린 게 후회가 되었다.

루이는 새빨간 딸기를 골랐다. 떡을 받은 답례로 피아노 선생님에게 보낼 선물이었다. 행복을 선물해 준 보답으로 주는 거라, 값은 비쌌지만 조금도 아깝지 않았다.

"흠, 피아노 선생님은 딸기를 좋아하시려나? 좋아하면 좋겠다."

과일 가게를 나서는 루이의 볼이 딸기처럼 발그레해졌다.

루이는 딸기 상자를 들고 집에 오는 길에 라후드를 만났다. 라후드가 걱정스러운 표정으로 루이에게 말을 걸었다.

아, 떡을 보고 엉엉 울던 모습을 라후드 씨에게도 들켰구나! 루이의 얼굴은 더 빨개졌다. 그래도 엄마와 떡 이야기는 하고 싶어서 길가에 서서 라후드에게 호박시루떡 이야기를 털어놓았다.

"그러니까 슬퍼서 운 게 아니라 기뻐서 운 거예요. 호박시루떡은 제게 최고로 맛있는 음식이거든요. 어제도 팥 한 알까지 싹싹 긁어 먹었지 뭐예요. 정말 행복했어요."

떡을 싹싹 긁어 먹고 행복했다고? 떡이 맛있다고? 지구 음식 중에서 떡을 제일 안 좋아하는 라후드는 도통 이해할 수 없었다.

"아, 그러니까 루이 씨가 제일 좋아하는 음식은 떡이군요."

라후드의 말에 루이는 알쏭달쏭한 표정을 지었다.

"아니요. 전 삼겹살을 제일 좋아해요. 돼지갈비도 좋고요. 저 완전 육식파거든요."

좋아하는 음식은 따로 있고, 보기만 해도 기뻐서 눈물이 나오는 음식은 또 따로 있다고? 라후드의 이성은 저게 대체 무슨 소리냐고 외쳤다.

"그러면 왜 떡을 보고 기뻐서 울기까지……."

"호박시루떡은 제가 제일 좋아하는 음식은 아니지만, 제 최고의 음식이긴 하거든요. 엄마와 함께했던 행복한 시절을 떠오르게 하는 음식이니까요."

최고의 음식? 라후드의 머릿속에는 그동안 지구에서 먹어 본 다양한 음식들이 스쳐 지나갔다.

'지구에 와서 맨 처음 먹은 치킨, 톡 쏘는 콜라, 편의점 최애 음식 탕탕면…….'

생각만으로도 라후드를 행복하게 만드는 음식들이었다.

"와, 정말 생각만 해도 웃음이 나네요."

루이가 짝, 손뼉을 쳤다.

"바로 그거예요."

"바로 그거구나! 고마워요, 루이 씨."

루이의 말에서 라후드는 도됴리의 외계 향수병을 낫게 할 힌트를 찾아냈다. 도됴리는 아우레 탐사대가 아니라 임무 성공의 뿌듯함을 느끼게 해 줄 수는 없지만, 음식으로 기쁨을 줄 수 있을 것이다.

　"도됴리에게 최고의 음식을 먹여 행복하게 해 줘야지. 그러면 외계 향수병도 치유될 거다."

　지구는 우주에서 가장 많은 음식이 있는 행성이니 그중에 도됴리를 행복하게 해 줄 음식이 하나는 있을 거야!

　라후드는 무슨 음식이 좋을까 생각하며 오로라가 있는 동물 병원으로 달려갔다.

이번에 라후드는 편의점으로 달려갔다.

라후드는 아우레 행성에 있을 때도, 지금도 달리기를 잘 못했다. 몸이 크고 무거워서 빨리 움직여지지 않았다. 하지만 도됴리의 문제를 해결할 생각을 하니 뿌듯해서 발걸음이 날아갈 듯 가벼웠다.

129

다 사면 좋으련만 돈이 부족해서 선택을 해야 했다. 지구살이는 정말이지 선택의 연속이다. 라후드는 아우린의 높은 이성……이 아니라 자신의 입맛을 중심으로 고민했다.

신중하게 음식을 고르는 라후드 옆으로 정 박사가 쓱 다가왔다.

"라후드 씨, 뭐 드시게요?"

"정 박사님, 저는 최고의 음식을 찾고 있어요. 도됴, 아니, 아싸를 행복하게 만들 최고의 음식이요. 어떤 게 있을까요?"

정 박사는 대답을 하기도 전에 미소부터 지었다. 최고의 음식을 생각만 해도 벌써 행복해지는 것 같았다.

"제 최고의 음식은 바나나우유예요. 어릴 적에 아빠랑 목욕탕에 같이 가면 꼭 바나나우유를 사 주셨거든요. 지금도 바나나우유를 마시면 그때 생각이 나면서 기분이 좋아져요. 바나나우유와 바삭한 새우 과자 한 봉지면 동심으로 돌아가지요."

라후드는 얼른 바나나우유와 새우 과자를 들었다.

"이건 저를 행복하게 만드는 음식이에요. 아싸의 최고의 음식은 다를 거예요."

그래도 라후드는 정 박사의 음식을 골랐다. 외계인 같은 정 박사가 좋아하는 음식이면 도됴리도 좋아할 가능성이 있었다.

라후드의 첫 시도는 완벽하게 실패했다.

그러나 라후드는 포기하지 않았다. 편의점에서 돌아오다가 최고의 음식을 찾을 가능성이 높은 최고의 장소를 발견했기 때문이다.

마침 근처 공원에서 세계 전통 음식 축제가 열리고 있었다. 지구의 다양한 음식을 한자리에서 맛볼 기회였다. 외출을 거부하는 오로라와 도됴리를 설득해야 한다는 문제가 있었지만, 라후드는 자신 있었다.

세계 전통 음식 축제에는 다양한 나라의 음식에 관심이 있는 지구인들이 아주 많았다. 지구인들은 어릴 때 행복하게 먹었던 익숙한 음식을 최고로 치면서도 종종 낯선 음식에 도전했다.

외계 문명 전문가인 라후드도 지구의 새로운 음식들을 먹어 볼 생각에 기대감이 부풀어 올랐다.

라후드는 스스로를 지구 문명 중에서도 특히 음식 분야 전문가라고 평가했다. 외계인이지만 지구의 음식을 지구인들보다 더 많이 먹어 봤을 거라고 자부했다. 하지만 세계 전통 음식을 보고 그만 겸손해질 수밖에 없었다. 지구에는 아직도 라후드가 상상하지도 못한 식재료와 음식들이 너무 많았다.

입이 다물어지지 않을 만큼 맛있는 음식도 많고, 외모를 중시하는 지구인처럼 맛은 없고 모양만 화려한 요리도 있었다. 정신을 잃게 매운 요리도 있고, 속이 메스꺼울 정도로 단 음식도 있었다.

"음식에 대한 지구인의 상상력은 놀라워."

라후드는 여러 부스를 돌아다니며 지금까지 도됴리가 몰랐을 게 분명한 음식들을 골랐다.

"도됴리, 골고루 먹어 봐. 너를 즐겁게 해 줄 음식이 하나는 있을 거다."

그러나 도됴리는 도리도리 고개를 저었다. 외계 향수병 2단계가 시작된 걸까? 라후드는 걱정했다.

"오로라도 얼른 먹어."

라후드는 이번에 오로라를 재촉했다.

"안 먹는다. 에너지 캡슐 먹었다."

"그래도 먹어! 지구 음식은 함께 먹어야 행복해져. 오로라가 안 먹으니까 도됴리도 안 행복한 거다."

라후드는 답답한 마음에 버럭 소리쳤다.

오로라는 라후드를 노려보며 텔레파시를 보냈다.

'지구인의 눈길을 끌면 정체를 들킬 위험이 높아진다.'

하지만 오로라의 걱정과 달리 지구인들이 보기에 오로라와 라후드는 외계인이 아니라 편식이 심한 아이를 둔 평범한 지구인 부부 같았다.

"먹는다, 먹어!"

화가 난 오로라는 라후드가 사 온 음식들을 이것저것 막 집어 먹기 시작했다.

　오로라의 입맛에 맞는 음식은 찾았지만, 지구에 도됴리 최고의 음식은 존재하지 않는 것 같았다.

　수많은 지구인들과 넘치는 지구 음식에 시달린 외계인들은 임시 본부에 도착하자마자 지쳐 쓰러졌다.

　다음 날 아침, 도됴리의 방문을 연 오로라는 깜짝 놀랐다.

　도됴리가 사라졌다. 벌써 외계 향수병 3단계가 진행되어 몽유병 증세가 생긴 걸까? 어젯밤 잠을 자다가 나가 버렸나?

　그나마 다행인 것은 도됴리와 함께 도됴리의 지구인 슈트도 사라졌다는 거였다.

　"지구인 슈트를 입었으니 적어도 정체는 들키지 않을 거야."

　"그래도 안 돼."

라후드와 오로라는 도됴리를 찾아 뛰쳐나갔다. 다다다다, 계단을 내려가는데 난데없는 피아노 연주가 들렸다. 경쾌하면서도 평온한, 오로라의 마음에 딱 드는 음악이었다.

"언제부터 여기 있었냐!"

"없어진 줄 알고 놀랐잖아!"

오로라와 라후드의 말에 도됴리는 신경도 쓰지 않았다.

역시 지구에는 다양한 맛이 존재했다. 도됴리, 라후드, 까다로운 오로라의 입맛까지 사로잡은 음식이 있으니 말이다.

"아우레로 돌아가면 지구 음식이 그리울 거야. 음식 때문에 돌아오는 거 아닌지 몰라."

라후드는 농담처럼 말했지만 100% 농담은 아니었다.

에필로그

그 시각 루나는?

보스는 스스로 지구를 지키는 용사가 되어 지구로 돌아가는 중이다. 하지만 보스의 임무는 지구에 있지 않다. 외계 한가운데인 바로 이곳, 은하선에 있었다.

'생물종 제거 장치를 없애야 해. 저 장치가 스피와 함께 지구에 도착하면 인류는 물론 다른 생물종들도 모두 위험에 빠질 거야.'

보스는 스피의 뒤를 몰래 쫓았다. 스피가 신경을 쓰지 않는 틈을 타 몰래 생물종 제거 장치를 훔쳐 없애 버리려고!

다행히 스피는 가방을 꼼꼼하게 챙기는 편은 아니었다. 가방에 있는 물건들도 자주 떨어트리고……. 보스는 스피의 가방을 쉽게 손에 넣을 수 있었다.

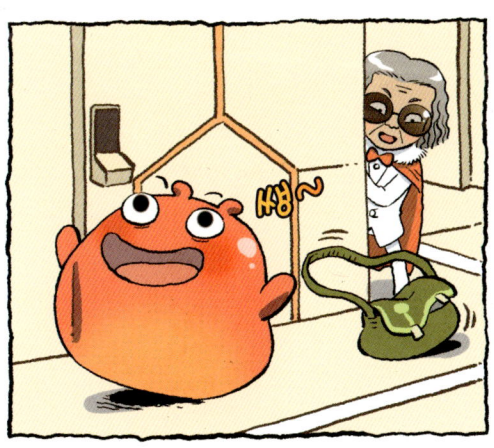

이 책을 만든 사람들

정재승 기획

KAIST에서 물리학으로 학사, 석사, 박사 학위를 받았습니다. 예일대학교 의과대학 정신과 박사후 연구원, 고려대학교 물리학과 연구교수, 컬럼비아대학교 의과대학 정신과 조교수를 거쳐, 현재 KAIST 뇌인지과학과 교수로 재직 중입니다. 우리 뇌가 어떻게 선택을 하는지 탐구하고 있으며, 이를 응용해서 로봇을 생각만으로 움직이게 한다거나, 사람처럼 판단하고 선택하는 인공지능을 연구하고 있습니다. 쓴 책으로는 <정재승의 과학 콘서트>(2001), <열두 발자국>(2018) 등이 있습니다.

정재은 글

프로젝트를 진행하는 동안 때로는 아싸로, 때로는 라후드로, 때로는 오로라나 바바, 도됴리로 끊임없이 정신을 분리하며 도서 전체의 스토리를 진행했습니다. 가 본 적 없는 아우레 행성과 직접 열어 본 적 없는 지구인의 뇌를 스토리 속에 엮어 내기 위해 엄청 열심히 공부를 해야 했습니다. 쓴 책으로 <똥핑크 유전자 수사대> <멘델 아저씨네 완두콩 텃밭> <미스터리 수학유령> 시리즈 등 다수의 어린이 책이 있습니다. 머릿속 넓은 우주가 어디로 펼쳐질지 모르는 창의력 뿜뿜 스토리텔러.

김현민 그림

일찍이 유럽으로 시장을 넓힌 대한민국의 만화가. 대학에서 산업디자인을 전공한 뒤 어릴 때 꿈을 찾아 만화가가 되었습니다. 프랑스 앙굴렘 도서전에 출품한 것을 계기로 프랑스 출판사에서 <Archibald 아치볼드>라는 모험 만화를 만들고 있습니다. 인간이 아닌 괴물이나 신기한 캐릭터 등 상상력을 발휘할 수 있는 그림을 좋아합니다. 몸은 지구에서 벗어날 수 없지만, 머릿속은 항상 우주의 여행자가 되고 싶은 히치하이커.

이고은 심리학 자문

지구인들의 심리를 과학적으로 설명해서 보여 주는 것이 취미이자 특기인 인지심리학자. 부산대학교에서 심리학으로 학사, 인지심리학으로 석사와 박사 학위를 받은 뒤, 강의와 연구를 하고 있습니다. 과학 웹진 <사이언스 온>에서 '심리실험 톺아보기' 연재를 시작으로 각종 매체에 심리학을 소개해 왔으며, <마음 실험실>(2019), <심리학자가 사람을 기억하는 법>(2022)을 펴낸 과학적 스토리텔링의 샛별.

18권 미리보기

외계인들의
정체를 아는 사람 등장?

지구인이 만들어 낸
가장 즐거운 발명품?

지구인의 일상은 오늘도 이야기처럼 흘러간다.

 지구인이 탄생한 이후로 지구에는 이야기도 함께 탄생했다. "옛날 옛날, 아주 먼 옛날에……."로 시작하는 고전부터 "내가 어제 말이야……."로 시작하는 시시콜콜한 일상 이야기까지. 지구인의 세상은 이야기로 가득 차 있다. '언어의 동물'이라고도 불리는 지구인들은 자신들의 언어로 끊임없이 오래된 이야기를 전하고 새로운 이야기를 만들고 서로 이야기를 공유한다.

 루이처럼 상상력이 풍부한 지구인들은 이야기를 만들어 내고 남의 상상력이 궁금한 지구인들은 그 이야기를 읽는다.

 하지만 평생 이야기와 함께한 지구인이어도 이야기 만들기가 언제나 쉽지만은 않은 법.

 "어떤 이야기를 써야 할지 아이디어가 떠오르지 않아요."

 웹툰 작가 루이는 심각한 고민에 빠지고 만다. 루이는 그 해결 방법을

　어디서 찾을 수 있을까? 루이에게 도움을 주는 이는 정확한 정보를 바탕으로 이성적인 결론을 내리는 아우린일까, 감성으로 무장한 비이성적인 지구인일까?
　그런데 잠깐, 요즘 지구인들 사이에서 외계인들에 관한 이야기도 돌고 있는 것 같은데? 누군가가 아우린과 도됴리의 정체를 알고 있는 것일까? 아니면 그냥 지구인이 지어낸 소문일 뿐일까? 정체를 들키지 않기 위해 조심, 더 조심하는 외계인들!
　아우린은 눈앞에 닥친 위기를 모면할 수 있을까?
　설마, 지구인이 퍼트린 소문에 대비해 외계인들도 그럴 듯한 이야기를 만들어야 하는 것은 아닐까? 외계인들은 매일매일 불안하다.
　아우린이 관찰하는 지구인의 "이야기"에 대한 이야기가 18권에서 이어집니다.

다양한 SNS 채널에서
아울북과 을파소의 더 많은 이야기를 만나세요.

 인스타그램 @owlbook21
 페이스북 @owlbook21
 네이버카페 owlbook21
네이버포스트 아울북 and 을파소

정재승의 인간탐구보고서

17 음식, 인간의 마음을 요리하다

기획 정재승 | 글 정재은 | 그림 김현민 | 심리학 자문 이고은
정보글 백빛나 오경은 | 사진 gettyimagesbank | 배경설계자 김지선
펴낸이 김영곤 펴낸곳 ㈜북이십일 아울북

1판 1쇄 발행 2025년 5월 28일
1판 2쇄 발행 2025년 10월 2일

기획개발 오경은 프로젝트4팀 김미희 정윤경 이해인 디자인 김단아
영업팀 정지은 한충희 남정한 장철용 강경남 황성진 김도연 이민재
제작 이영민 권경민

출판등록 2000년 5월 6일 제406-2003-061호
주소 (10881) 경기도 파주시 회동길 201(문발동)
대표전화 031-955-2100 팩스 031-955-2177 홈페이지 www.book21.com

ⓒ 정재승·김현민·정재은, 2025
이 책을 무단 복사·복제·전재하는 것은 저작권법에 저촉됩니다.

ISBN 978-89-509-8349-9 74400
ISBN 978-89-509-7373-5 74400 (세트)

책값은 뒤표지에 있습니다.
잘못 만들어진 책은 구입하신 서점에서 교환해 드립니다.

- 제조자명: ㈜북이십일
- 주소 및 전화번호: 경기도 파주시 문발동 회동길 201(문발동) / 031-955-2100
- 제조연월: 2025.10.
- 제조국명: 대한민국
- 사용연령: 3세 이상 어린이 제품

너와 나, 우리들의 마음을 이해하게 도와줄
첫 번째 뇌과학 이야기
정재승의 인간 탐구 보고서 (1~18권)

❶ 인간은 외모에 집착한다
❷ 인간의 기억력은 형편없다
❸ 인간의 감정은 롤러코스터다
❹ 사춘기 땐 우리 모두 외계인
❺ 인간의 감각은 화려한 착각이다
❻ 성은 우리를 다르게 만든다
❼ 인간은 타고난 거짓말쟁이다
❽ 불안이 온갖 미신을 만든다
❾ 인간의 선택은 엉망진창이다
❿ 공감은 마음을 연결하는 통로
⓫ 인간을 울고 웃게 만드는 스트레스
⓬ 인간은 누구나 더없이 예술적이다
⓭ 인간은 모두 호기심 대마왕
⓮ 인간, 돈의 유혹에 퐁당 빠지다
⓯ 소용돌이치는 사춘기의 뇌
⓰ 사랑은 마음을 휘젓는 요술 지팡이
⓱ 음식, 인간의 마음을 요리하다
⓲ 이야기 공장 뇌, 오늘도 풀가동 중!

인류의 과거와 현재를 이어 줄
아우린들의 시간 여행!
정재승의 인류 탐험 보고서 (1~10권)

완간

❶ 위대한 모험의 시작
❷ 루시를 만나다
❸ 달려라, 호모 에렉투스!
❹ 화산섬의 호모 에렉투스
❺ 용감한 전사 네안데르탈인
❻ 지구 최고의 라이벌
❼ 수군수군 호모 사피엔스
❽ 대륙의 탐험가 호모 사피엔스
❾ 농사로 세상을 바꾼 호미닌
❿ 안녕, 아우레 탐사대!